国家社科基金
后期资助项目

人工智能应用领域的创新模式与激励研究

Research on Innovation Modes and Incentives in the Field of Artificial Intelligence Application

杜创　欧阳耀福　王世强　王佰川　著

中国社会科学出版社

图书在版编目（CIP）数据

人工智能应用领域的创新模式与激励研究／杜创等著.
—北京：中国社会科学出版社，2023.10
 ISBN 978-7-5227-2544-4

Ⅰ.①人… Ⅱ.①杜… Ⅲ.①人工智能—产业发展—研究—中国 Ⅳ.①F492.3

中国国家版本馆 CIP 数据核字（2023）第 162956 号

出 版 人	赵剑英
责任编辑	党旺旺
责任校对	李 莉
责任印制	王 超

出　　版	中国社会科学出版社
社　　址	北京鼓楼西大街甲 158 号
邮　　编	100720
网　　址	http://www.csspw.cn
发 行 部	010-84083685
门 市 部	010-84029450
经　　销	新华书店及其他书店
印　　刷	北京君升印刷有限公司
装　　订	廊坊市广阳区广增装订厂
版　　次	2023 年 10 月第 1 版
印　　次	2023 年 10 月第 1 次印刷
开　　本	710×1000　1/16
印　　张	11.5
插　　页	2
字　　数	206 千字
定　　价	59.00 元

凡购买中国社会科学出版社图书，如有质量问题请与本社营销中心联系调换
电话：010-84083683
版权所有　侵权必究

国家社科基金后期资助项目
出 版 说 明

后期资助项目是国家社科基金设立的一类重要项目，旨在鼓励广大社科研究者潜心治学，支持基础研究多出优秀成果。它是经过严格评审，从接近完成的科研成果中遴选立项的。为扩大后期资助项目的影响，更好地推动学术发展，促进成果转化，全国哲学社会科学工作办公室按照"统一设计、统一标识、统一版式、形成系列"的总体要求，组织出版国家社科基金后期资助项目成果。

全国哲学社会科学工作办公室

前 言

最近十余年，基于神经网络等方法进行深度学习的新一代人工智能技术飞速发展，可能对社会经济和人类世界产生深远影响。中国的人工智能技术和产业发展已走在世界前列，尤其侧重在相关技术应用方面。然而，人工智能应用领域尚属新生事物，我们对其中的产业创新规律所知甚少。应用人工智能进行产业创新的路径是什么？与传统创新模式有何异同？企业在什么环境下更倾向于投入或采纳人工智能技术创新？市场机制和政府干预在其中起着什么样的作用？对这些问题开展深入研究，有可能获得一些具有重要经济学价值的新发现，而且将为政府相关政策提供有益借鉴。

机器人技术和机器学习两种人工智能技术在产业应用和创新上存在差异。机器人技术是一项通用技术，而机器学习既是通用技术，又是"发明方法的发明"。相较于机器人技术，机器学习对产业创新的影响更为深远。因此，本书研究重点是以机器学习尤其是深度学习为代表的新一代人工智能技术的产业应用创新规律，兼及机器人技术扩散问题。

研究人工智能应用领域产业创新涉及两个基本问题：一是创新方式问题，分析利用人工智能技术创造新价值所采取的方式或途径。其中，平台创新和并购是两种常见的方式。二是创新的激励或扩散问题，分析市场竞争及政府政策如何影响人工智能技术的创新发展与扩散。围绕这两个基本问题，本书首先对人工智能应用领域产业创新规律的一般理论机制进行了探讨，其次选取了三个案例进行了详细深入的研究，具体为算法驱动的平台创新规律、并购与人工智能芯片产业创新规律、机器人技术扩散规律，最后研究了以机器学习为主的新一代人工智能创新扩散规律，尤其是政府在其中的作用。通过这些研究，本书得出一系列新结论。

第一，人工智能应用领域的创新方式。平台创新和并购是人工智能应用领域两种比较常见的创新方式。平台化组织模式可以很好地解决创新过程中的外部性问题，是企业利用人工智能技术进行创新的重要组织模式。并购是企业创新和获取新技术的主要路径，也是产业创新的重要方式。围绕平台创新与并购两种创新方式，本书分别选取信息流智能推荐（流媒体）行业与人工智能芯片设计行业展开研究，得出了以下主要结论。

（1）算法驱动的平台创新呈现为一个基本模式和四个拓展模式。算法驱动的信息流智能推荐平台与传统的信息服务平台一样，都可以视作"多边市场"。然而，与传统信息服务平台相比，信息流智能推荐平台在人工智能算法驱动下呈现出全面创新、持续创新的格局，即商业模式创新为主导和基本模式为辅，同时包括产品创新、流程创新和定位创新，而平台是推动创新的主要架构。算法驱动的平台创新的基本模式是商业模式创新：平台只负责信息分发，不直接生产信息内容；而在算法驱动下，实现了系统界面的"千人千面"，促进了市场供需双方的有效匹配。

在商业模式创新的基础上，算法驱动的平台创新还包括四种拓展模式。一是基于内部平台，持续推动产品系列创新。一般的创新模式是将智能化推荐核心技术应用到不同场景。产品商业化策略则往往遵循从定位创新到产品创新的顺序：首先在同一母产品内部开展服务模式拓展和定位创新（如作为已有产品的一个频道或多边市场中新的"边"），基于已有的多边市场平台积累数据、开发数据新用途，条件成熟时再将其打造为独立产品。二是通过产业平台，推动生态系统中的内容生产者、广告商实现"互补性创新"，将算法驱动深入内容生产过程、广告制作过程。三是平台竞争驱动下的差异化创新，体现在算法的偏向性上。以短视频行业为例，算法驱动平台之间的寡头竞争造成产品差异化，抖音与快手采取完全不同的业务模式，抖音是相对彻底的算法主导，快手则为"算法+社交推荐"模式。四是企业内部组织结构创新：U型组织结构与算法驱动的平台是相互匹配的，M型组织结构则不适合算法驱动的平台。

（2）并购与创新呈现正向关系。人工智能芯片设计行业是相关产业链的核心，商业发展与科技创新内涵极为丰富。目前在该行业中，高强度的研发与高频率的并购都是常见的企业商业投资模式。同时，大量进行两类活动的企业高度重合，且行业中尚缺乏并购与创新呈现负相关关系的事实与案例。这表明当前人工智能芯片设计行业中并购与创新呈正相关关系，二者可相互促进。就该关系成立的经济逻辑而言，在经济价值上，巨头面对行业技术发展的高度迭代性，通过并购扼杀或抑制创新缺乏实际意义。在企业发展上，通过并购吸收创新能够降低科研成本，减少无效投入。在策略选取上，巨头之间的竞争让并购投入形成"囚徒困境"，高频并购成为任意巨头的占优策略。在客观原因上，行业目前发展阶段较为初级，鲜有学界发现的可促使并购抑制创新的成因出现。

第二，人工智能应用领域的创新激励。本书理论研究表明，在人工智能创新扩散初期，市场竞争越激烈越有利于人工智能技术扩散，因为此时企业希望获得先发优势。但是，进入人工智能创新扩散后期，市场集中反而有利于机器人技术扩散。进一步，为了验证理论研究结论，我们开展了两项实证研究，一是以2003—2019年中国行业层面机器人使用的面板数据，实证研究了市场结构对工业机器人使用的影响。结果表明，提升市场竞争程度有利于提高工业机器人在工业行业中的扩散，部分验证了理论模型的结论，因为中国机器人技术扩散仍处于初期。二是以中国信息技术服务业和计算机、通信和其他电子设备制造业为例，实证研究2015—2019年以机器学习为代表的新一代人工智能技术在A股上市公司中的创新扩散。结果表明，市场竞争显著提升了企业使用人工智能技术的概率，推动了人工智能技术创新扩散。因此，这两项实证研究分别对应机器人技术和以机器学习为代表的新一代人工智能技术，均证实了理论研究结果，即人工智能技术扩散初期阶段，市场竞争有利于人工智能创新扩散。

基于上述研究，我们提出了一系列相关政策建议。

第一，关于创新方式方面的政策建议

（1）引导算法驱动的平台健康发展。一是在充分发挥人工智能赋能、提高资源配置效率的同时，要注意避免未成年人"沉迷"信息流推荐产品问题。二是有序合理开展反垄断、隐私与数据产权的监管和治理。为了提高市场效率，政府应当监管"链接封禁"，促进平台之间的互联互通。平台应该开放端口，允许来自其他平台的链接。但是，其他平台应该为获得开放付费。至于接入价格，可以由交易双方谈。在垄断情形下，甚至可以纳入监管。三是强化低俗内容与平台治理。

（2）中国人工智能芯片产业领域发展仍比较滞后，政府在对行业内兼并行为开展反垄断审查和监管时，既要考虑兼并行为可能造成的社会福利损失，又要考虑兼并对行业创新发展的影响。

第二，关于创新激励方面的政策建议

（1）坚持市场在资源配置中起决定性作用，强化市场竞争的引导。当前中国仍处于机器人技术扩散初期，市场集中度过高不利于机器人技术扩散和推广应用。政府应当坚持市场在资源配置中起决定性作用，强化市场竞争作用，强化市场反垄断监管，促进企业采用机器人技术生产的激励。与此同时，重点关注市场集中度较高的行业，其机器人技术扩散应用推广程度比较低且进程较为缓慢。而且，以机器学习为代表的人工智能创新扩散规律同样表明，政府补贴、税收优惠等扶持性产业政策可能引发的人工智能产业重复建设、企业在低水平技术蜂拥而上的现象，以及可能引发的产能过剩、产业结构失衡等问题。在人工智能技术创新扩散过程中，政府应当侧重提供良好的制度环境，更好地发挥市场在资源配置中的决定性作用。落实公平竞争审查制度，清理已出台人工智能和高科技相关政策文件中妨碍公平竞争、束缚民营企业发展、有违内外资一视同仁的政策措施，严格做好新出台文件的审查。

（2）政府可以在创新扩散的早期有所作为，但是政府政策有必要从产业政策向竞争政策转变。本书通过梳理中国人工智能政策发现，政府政策的密集出台与人工智能技术创新扩散总体特征在时间上具有一致性。政府在扩散早期的积极作为可能是化解创新扩散延迟的一种手段。政府可以出台相关扶持政策，或是直接进行政府购买，通过购买服务推进人工智能技术应用。但这并不意味着政府应当持久干预人工智能技术创新的扩散，而且政府政策有必要从产业政策转为竞争政策，进行制度创新。人工智能技术发展的历史表明，技术突破具有高度偶然性，事前很难确定哪些技术会成为主流，哪些技术会成功实现商用，因而产业政策很难成功。

总之，本书的主要学术价值是从不同角度系统研究了人工智能应用领域的产业创新规律，得到了一系列有学术价值的新结论。第一，提出了算法驱动平台创新的基本模式和四种拓展模式。第二，针对中国被"卡脖子"的人工智能芯片领域，得出了一些新发现，如人工智能芯片发展体现了从定位创新到产品创新的历程，当前阶段行业并购对创新存在积极作用，等等。第三，考察了市场竞争对工业机器人技术扩散的影响，从理论上分析了不同市场结构下企业采取机器人生产的策略性行为，并利用经验数据检验了理论分析结论。第四，基于上市公司样本，分析了中国人工智能技术扩散的总体特征，并从实证角度系统分析了人工智能技术创新扩散的影响因素。

当前很多地方在人工智能产业发展中仍然突出产业政策主导，以政府干预模式促进产业发展，这存在很大问题。本书基于对人工智能应用领域产业创新规律的研究，就如何更好地发挥政府作用提出了相应的政策建议，对中国人工智能产业发展有一定借鉴价值。

本书写作分工如下：杜　　创：第一章、第三章

　　　　　　　　　　欧阳耀福：第二章、第五章、第七章

　　　　　　　　　　王　世　强：第四章

　　　　　　　　　　王　佰　川：第六章

目 录

第一章 导论 ……………………………………………………（1）
  第一节 研究背景 ……………………………………………（1）
  第二节 研究的问题和研究意义 ……………………………（4）
  第三节 研究方法 ……………………………………………（5）
  第四节 主要内容 ……………………………………………（7）
  第五节 学术创新 ……………………………………………（9）

第二章 研究框架 ……………………………………………（11）
  第一节 引言 …………………………………………………（11）
  第二节 人工智能：一种通用技术或发明方法的发明？ ………（11）
  第三节 人工智能应用领域产业创新路径 …………………（16）
  第四节 人工智能应用领域产业创新激励：市场机制与政府
         作用 …………………………………………………（22）
  第五节 全书研究框架 ………………………………………（29）

第三章 算法驱动的平台创新 ………………………………（32）
  第一节 引言 …………………………………………………（32）
  第二节 分析框架 ……………………………………………（35）
  第三节 信息匹配机制与中国互联网行业格局演变 ………（36）
  第四节 基本模式：算法驱动的平台商业模式创新 ………（39）
  第五节 算法驱动平台创新的四种拓展模式 ………………（45）
  第六节 平台创新引发的公共政策问题 ……………………（57）
  第七节 小结 …………………………………………………（62）

第四章 技术迭代、并购与人工智能芯片产业创新 …………（66）
  第一节 引言 …………………………………………………（66）

第二节　常见人工智能芯片设计架构简介与对比 …………… (69)
第三节　人工智能芯片设计行业典型企业商业路径探究 …… (71)
第四节　人工智能芯片设计行业当前发展阶段特征规律分析 …… (75)
第五节　中国人工智能芯片设计行业发展现状 ……………… (88)
第六节　芯片制造行业创新发展情形：简析与比较 ………… (92)
第七节　小结 …………………………………………………… (97)

第五章　市场结构与机器人技术扩散 ……………………… (100)
第一节　引言 …………………………………………………… (100)
第二节　调研发现 ……………………………………………… (104)
第三节　理论分析 ……………………………………………… (106)
第四节　实证分析 ……………………………………………… (111)
第五节　小结 …………………………………………………… (125)

第六章　人工智能技术创新扩散的特征、影响因素及政府作用 … (127)
第一节　引言 …………………………………………………… (127)
第二节　人工智能技术创新扩散的总体特征 ………………… (128)
第三节　计量模型设定 ………………………………………… (133)
第四节　回归结果分析 ………………………………………… (139)
第五节　小结 …………………………………………………… (148)

第七章　结论与政策建议 …………………………………… (152)
第一节　结论 …………………………………………………… (152)
第二节　政策建议 ……………………………………………… (155)

参考文献 ……………………………………………………… (159)

后记 …………………………………………………………… (171)

第一章 导论

第一节 研究背景

人工智能（Artificial Intelligence，AI）指由人制造的机器所表现出来的智能（Nilsson，2010）。[①]学界公认，人工智能作为一个独立的研究领域起始于1956年达特茅斯会议。早期人工智能的发展主要在于自然语言处理、知识表示和逻辑推理、演绎解决问题，计算机就是这个领域的典型作品，通过将人的逻辑系统、符号体系等计算机化，成为处理一般问题的工具（General Problem Solver）。这对于形式化程度高的任务是适合的，却难以胜任语音识别、图像识别这些人类凭直觉就可以解决、又很难形式化描述的任务。

20世纪80年代以后，人工智能的发展开始以学习方法为主，让机器从输入数据中获得知识，从而自动地形成预测和判断，输出相应结果。这种基于神经网络等方法进行机器学习和深度学习的新一代人工智能，从根本上改变了技术进步的方式，对整个社会的生产方式、生产结构等产生重大影响。深度学习即使用多层神经网络直接处理数据，并根据层次化的概念体系来理解世界，而每个概念则通过与某些相对简单概念之间的关系来定义（Goodfellow et al.，2016）。

一个简单的人工神经网络结构包括输入层、隐藏层和输出层。以手写字体识别为例。在一块正方形纸板上手写0—9之间的某个数字，字迹可能很潦草。为了让计算机识别这个数字，可将这个纸板细分为 28×28 共784个方格，则每个方格内的像素灰度就是一个输入变量，输入层共有784个变量。输出层则可以有10个变量，即0—9共10个数字，每个数字对应一个

[①] 罗素（Russell）和诺维格（Norvig）的经典教科书《人工智能：一种现代的方法》列举了关于人工智能的不同定义。

输出变量，每个变量都是取两个可能值：0 或 1。0 表示计算机输出认为手写数字不是这个数字，1 表示计算机输出认为手写数字是该数字。在输入层和输出层之间则是隐藏层。在实际建模中，隐藏层有多少层、每层多少个变量，并无硬性规定，一定程度上是调试的结果。如在手写字体识别中，只要一个隐藏层就能达到很好的识别效果，很多复杂的人工神经网络则可能达到上百层。采用深度学习方法识别手写字体，意味着并不是通过软件编程告诉计算机每个数字的特征，而是直接输入大量手写样本，让计算机识别，并将识别结果与正确答案进行比较（这些样本事前已做了人工标记），基于比较结果修正模型，这样不断调试，最终趋于正确模型的结果。

熟悉经济学尤其是计量经济学的研究者可能会有疑惑：在上述例子中，为什么需要隐藏层？如果只有输入层、输出层，构建 Logistic 回归模型，就可以实现预测。Logistic 回归模型当然可以实现预测，实际上这就是传统机器学习的方法；但其预测精度远远不够。加入隐藏层，看似迂回、复杂化了，预测效果却能够大幅度提高。"深度"学习、"深度"神经网络的"深度"，即来源于隐藏层在 1 个以上。一个直觉性的解释是，$28 \times 28 = 784$ 个方格的像素不一定能准确刻画手写字体的特征，隐藏层在输入层的基础上由计算机自动做了一些抽象，越深的隐藏层对应越抽象化的概念，这样层次化的概念体系模拟了人脑的实际运作，因而达到更好的识别效果。

人工神经网络的概念早在 20 世纪 40 年代就被提出了（McCulloch and Pitts, 1943），但是此后相当长时间内并不是人工智能的主流方法。技术上的原因是多层神经网络计算复杂度很高，也很难训练。第一个具体的困难是，如何根据误差函数（即预测的结果与正确结果之间的误差）具体调整模型参数。1986 年，辛顿等人证明利用"反向传播法"（Backpropagation Algorithm）来计算误差函数的变化率，比早期方法要快得多（Rumelhart et al., 1986）。这才使得利用多层神经网络解决复杂问题具有了实际可行性。但是，深度神经网络仍然难以被训练，难以被优化，因此在流行了几年之后，该方法又陷入了低潮期。技术上的关键突破发生在 2006 年，辛顿等人（Hinton et al. 2006）引入深度信念网络（Deep Belief Network），在 MNIST 数据集上表现超过支持向量机（SVM）等传统机器学习方法，证明深度架构是能够成功的，由此引发了当前深度学习研究的复兴。尤其在 2012 年，辛顿教授团队参加在影像识别领域最负盛名的 ILSVRC（ImageNet Large Scale Visual Recognition Challenge），以深度学习配合 GPU 图形处理器的运算速度，以 16.42% 的错误率拿下冠军，大大低于第二名 26.22% 的错误率，引发新一代人工智能热潮。

　　梳理人工智能的技术发展史及其技术特征可知，以学习方法为主线是当前人工智能发展的大方向。人工神经网络强调学习概念的层次性，建立多层次的抽象，这在总体上符合人脑的运行特征。而且，深度学习技术的广泛应用有赖于三个要素（Varian，2018）：一是算法，二是高质量的训练数据，三是计算能力，即硬件基础。其中算法是纯粹的技术问题，数据和硬件则构成了新一代人工智能兴起的经济背景。

　　第一，互联网、大数据为新一代人工智能提供了数据基础，也激发了利用人工智能技术提高效率的需求。

　　多层神经网络包含成百上千个神经元，这意味着要估计成百上千个变量组成的非线性模型的参数。为避免"过度拟合"，训练数据规模必须非常大。互联网的兴起及其渗透到各行各业，为新一代人工智能提供了数据基础。据思科（Cisco）公司提供的数据，1992年，全球因特网的流量仅为每天 100GB；2015 年这个数字则暴增到每秒 20235GB。

　　大数据也激发了利用人工智能技术提高效率的需求。以在线电商为例，购物网站积累了大规模的、个体消费者层面的消费数据。既包括消费记录这样的结构化数据，也包括图像、文字评价等非结构化数据。传统的统计手段、计量经济学分析难以充分利用数据价值。深度学习等新一代人工智能技术的成功，为商家使用非结构化大数据实现广告精准投放、差别定价等提供了可能性。

　　第二，GPUs 等新型硬件的出现，使得计算能力大幅提升。

　　多层神经网络中，成百上千的神经元相互作用，使得计算量极为庞大。传统上，CPU（中央处理器）承担计算机的运算和控制功能。然而，CPU 是综合性的控制单元，CPU 架构中需要大量的空间去放置存储单元和控制单元，相比之下计算单元只占据了很小的一部分，所以它在大规模并行计算能力上十分受限，而更擅长逻辑控制。而且 CPU 遵循冯·诺依曼架构（存储程序，顺序执行），难以适应人们对更大规模与更快处理速度的需求。使用 CPU 从人工神经网络中获得预测，时间可能达数周之久。而使用 GPUs，同样的任务往往只需要几天或几小时即可完成。

　　GPUs（Graphics Processing Units）即图形处理器，最初是因视频游戏中数据计算需求而诞生，由 NVIDIA 公司首先构建。2009 年，吴恩达等发现 GPUs 可用于大规模深度学习。GPUs 的构成相对简单，有数量众多的计算单元和超长的流水线，特别适合处理大量的类型统一的数据。但 GPUs 无法单独工作，必须由 CPU 进行控制调用才能工作。CPU 可单独作用，处理复杂的逻辑运算和不同的数据类型，但当需要处理大量的类型统一的数据时，则可调用 GPUs 进行并行计算。GPUs 特别擅长处理图像数据，因为图像上的每一个像素点都有被处理的需要，而且每个像素点处理的过程和方式都十分相似。

新一代人工智能技术会对产业发展产生深刻的影响。除了人工智能通用技术产业本身的发展，新一代人工智能与产业的结合有两种模式。一是智能产业化，即人工智能催生了一些新产业、新业态、新模式。以 AI 核心算法为基础，可能会诞生一批新的算法导向型大型跨界企业。基于核心算法而实现的跨界多元化策略与传统基于资本安全收益的多元化策略完全不同，其对产业组织的影响值得进一步观察。二是产业智能化，即人工智能赋能传统产业，推动其实现转型升级。人工智能与各行业融合创新，包括制造业、农业、物流、金融、商务、家居等重点行业和领域开展人工智能规模化应用，全面提升产业智能化发展水平。然而，并非所有产业对新一代人工智能都有迫切需求，也并非所有产业都已经准备好了迎接新一代人工智能的大规模应用，这里面有一些重要的权衡。深入研究这些权衡，正是本书的主要内容之一。

第二节　研究的问题和研究意义

中国的人工智能技术和产业发展已走在世界前列，尤其侧重在相关技术应用方面。然而，产业智能化和智能产业化发展仍在不断深化，而且存在巨大行业差异性。人工智能在不同行业的应用程度、创新发展速度等各不相同。本书聚焦于人工智能应用领域的产业创新规律，在综述人工智能产业创新一般规律的基础上，以案例的形式，分析人工智能技术的三个产业应用，分析其产业创新方式、创新激励问题，以期对人工智能产业创新形成更为深入的、规律性的认识，同时为中国人工智能产业创新发展提供借鉴。具体来说，本书尝试回答人工智能应用领域产业创新中两个方面的问题。一是应用人工智能进行产业创新的路径是什么？与传统创新模式有何异同？二是创新的激励问题，即企业在什么环境下更倾向于投入或采纳人工智能技术创新？市场机制和政府干预在其中起着什么样的作用？基于中国实践研究人工智能应用领域的产业创新规律，有着重要的学术价值和政策参考价值。

第一，学术价值。人工智能可能将引起经济学、公共管理等社会科学领域的新一轮突破性进展。以经济学为例，突破性进展有两个层面。一是机器学习、深度学习等方法促进了计量经济学等学科的新发展；二是互联网、人工智能应用领域等作为研究对象，其运行规律在整体经济中的重要性越发凸显，也构成了经济学的新增长点。

在此背景下，研究人工智能应用领域的产业创新规律，有可能获得一些具有重要经济学价值的新发现。尤其是比较国内外研究可以发现，国外对于人工智能相关的微观经济、宏观经济层面都有了比较全面的研究。近几年随着人工智能技术的发展和国家层面的推进，人工智能在国内经济学领域出现研究热潮，相关文献数量攀升；在研究主题上，主要集中在宏观经济学和劳动经济学，体现了国内学界和社会对于人工智能发展的两个主要关注点：经济的新增长点和失业问题。然而，相关研究也有较明显的缺陷，尤其是较少涉及微观经济问题，如企业、产业等微观层面的理论研究和实证研究不足。这显示我们的研究还有待深入、细化。研究中国人工智能应用领域的产业创新规律，可弥补国内学界相关研究的不足（国内外相关文献的详细梳理和评述参见第二章）。

第二，政策参考价值。从中央到地方，促进人工智能与产业融合成为挖掘国民经济的新增长点和推动经济高质量发展的重要政策抓手。然而，我们的前期调研也发现，当前国内人工智能与实体经济融合不足，人工智能在实体经济的推广应用还非常有限，限于计算机视觉、智能语音等少数几个领域；存在人工智能技术开发与产业应用脱节，实体经济的智能化程度比较低，技术标准、数据标准缺乏和人才培养机制不完善等问题。也有一些访谈对象认为当前人工智能在中国发展过热了。

在此背景下，如何认识人工智能的产业应用前景？如何从政策上推动人工智能与实体经济融合？产业政策、竞争政策在其中起到何种作用？尤其是人工智能应用于产业，还会不可避免地引发一系列公共政策议题。例如，新一代人工智能相当程度上是数据驱动型的，在经济效率与隐私保护之间如何权衡？如何合理界定数据使用权？乃至于如何构建与互联网、大数据、人工智能发展相适应的监管体制？研究人工智能应用领域的产业创新规律，尊重经济规律，是讨论这些政策议题的基础。

第三节　研究方法

本研究采用了实地调研、经济计量分析、理论分析等多种方法，研究

6 人工智能应用领域的创新模式与激励研究

人工智能应用领域的产业创新规律。

一　实地调研

（一）智能制造专题调研

2019—2021 年，研究团队曾多次赴广东深圳、广州、东莞和浙江温州等省市专题调研中国人工智能产业和工业机器人应用情况。2019 年 8 月 20 日至 8 月 23 日和 2019 年 9 月 18 日至 9 月 19 日，课题组先后两次前往深圳调研人工智能产业发展和应用情况，重点包括地方政府和深圳有代表性的人工智能企业。2020 年 9 月 23 日至 9 月 25 日，课题组前往广东省广州和东莞两地调研制造业中人工智能应用情况，包括汽车制造、船厂、电梯制造、机器人制造等行业。2021 年 5 月 10 日至 5 月 13 日，前往浙江省温州市调研人工智能在汽车减速器制造、低压电器制造、服装制造等行业中的应用情况。基于这些实地调研，我们首先系统地总结梳理出几个人工智能和机器人在制造业应用的微案例，然后结合与政府相关部门的座谈，提炼出当前中国工业机器人产业发展的几点特征事实。在这些特征事实的基础上，开展进一步的理论分析和经济计量分析。

（二）信息流智能推荐企业专项调研

2021—2022 年，研究团队多次与字节跳动公司人员接触，并前往其北京总部开展深度访谈。

二　经济计量分析

第五章采用了经济计量分析方法来验证市场结构对机器人技术扩散的影响。行业层面机器人存量数据来自国际机器人联盟（International Robot Federation）。行业层面的从业人数总数，资本密集度等指标的数据来自《中国工业统计年鉴》（2003—2017 年）和《中国统计年鉴》（2018—2020 年）。为构造行业层面的市场结构和工艺复杂度等相关指标，我们主要采用 A 股上市公司数据，数据来源为国泰安（CSMAR）数据库。没有采用工业企业数据的主要原因是因为工业企业数据库只更新到 2013 年，但是中国工业机器人技术扩散和推广使用在 2013 年以后开始提速，截断之后的数据很难得出可靠结论。

第六章尝试利用沪深 A 股上市公司年报来识别人工智能上市公司。上市公司年报披露了公司上一年度的财务及经营状况、未来发展战略等相关信息，是上市公司信息披露的重要组成部分。人工智能机器学习技术在文本分析方面更有效率，能够在短时间内实现批量文本的筛选和分类，为本书的筛选工作提供了思路。我们的具体数据分析程序如下。首先，利用机器学习技术编写网络爬虫，从"巨潮资讯网"获取 2011—2019 年沪深 A 股上市公司年度报告文件。其次，借助机器学习文本识别技术，对 2011—2019 年 A 股上市公司年报文件进行全文关键词检索并分类，如果某一上市公司年报中含有"人工智能"这一关键词，则将该上市公司归类到候选名单中。基于候选名单，依据年报信息精确识别人工智能企业。

三 理论分析和模型构建

本书第三章至第五章均在实地调研的基础上，结合经济学、管理学相关理论开展理论分析。尤其在研究市场结构与机器人技术扩散的关系时，本书还构建了经济学数理模型。

第四节 主要内容

第二章分析人工智能应用领域产业创新规律的一般理论机制，并为全书建立研究框架。首先，明确机器人和机器学习两种人工智能技术及其产业创新规律的差异。机器人技术是一项通用技术，而机器学习既是通用技术，又是"发明方法的发明"。相较于机器人技术，机器学习的应用对创新的影响更为深远。其次，研究人工智能应用领域产业创新的两个基本问题：一是创新的方式，分析新旧企业为了利用人工智能技术创造新价值，采取的方式或途径，主要包括平台创新和并购；二是创新的激励或扩散问题，分析市场竞争及政府政策如何影响人工智能技术的发展与扩散。最后，以机器人和机器学习为对象，围绕人工智能应用领域产业创新方式和创新激励这两个基本问题，建立全书的研究框架。

在第二章建立研究框架的基础上，第三章至第六章研究了四个具体的案例。其中"算法驱动的平台创新"和"技术迭代、并购与人工智能芯片产业创新"属于创新的方式问题，"市场结构与机器人技术扩散""人工智能技术创新扩散的特征、影响因素及政府作用研究"则属于创新的激励或扩散问题。具体内容如下。

算法驱动的平台创新。第三章以信息流智能推荐领域重点企业（字节跳动、快手及相关企业）为例，研究算法驱动的平台创新模式。采用多学科视角，结合产业经济学中多边市场理论、创新理论，组织经济学中关于 U 型/M 型组织结构的理论，以及创新管理学中关于平台创新的理论，建立了统一的分析框架。主要发现：算法驱动的平台创新就其基本模式而言是商业模式创新，即在多边市场平台框架下，借助算法驱动实现了系统界面的"千人千面"，促进了市场供需双方有效匹配。以商业模式创新为基础，算法驱动的平台创新还包括四种拓展模式。（1）基于内部平台，持续推动产品系列创新。（2）将算法驱动深入到内容生产过程、广告制作过程，即通过产业平台，推动生态系统中的内容生产者、广告商实现"互补性创新"。（3）平台竞争与创新：当平台存在交叉网络外部性时，寡头市场结构下企业间的竞争会导致产品差异化，差异化体现在算法的偏向性上。（4）平台与企业内部组织结构创新：发现U型组织结构与算法驱动的平台是相互匹配的，M型组织结构则不适合算法驱动的平台。

技术迭代、并购与人工智能芯片产业创新。人工智能芯片设计行业是相关产业链的核心，商业发展与科技创新内涵极为丰富。第四章研究发现，在思路层面，现行常见设计架构各有优劣势，仍有能突破和完善的潜在方向。在行业层面，巨头产生存在偶然性，技术创新具有强迭代性，既有企业常面临被超越风险；行业当前处于较初级阶段，未形成稳态垄断，高强度研发与高频率并购相结合的商业策略是常见发展模式，且并购与创新呈正相关关系。为对冲技术迭代，行业多角度投资是巨头的重要举措，新兴企业则面临被收购的命运。中国该行业创新氛围浓，但龙头企业少，难以形成合力。中资企业跨国并购因技术封锁较难实现，但仍有成功案例可借鉴。本章提出行业政策与发展建议为：为中国企业创造适度宽松的规制环境，降低其商业活动门槛；强调扶持政策普惠性，弱化技术路线指向性；企业与研究机构可从多维度尝试突破；企业应积极融入海外市场，把握时机吸收有效创新。

市场结构与机器人技术扩散。随着中国制造业成本上涨、人口老龄化等问题日益凸显，促进机器人技术推广应用十分紧迫。但是，深入的实地调研表明，当前中国工业机器人推广进程缓慢，应用程度较低。以调研发现为基础，第五章建立了一个理论模型，研究市场结构对机器人技术扩散的影响。研究发现，在机器人技术扩散初期，即市场上采用机器人的企业较少时，市场竞争越激烈越有利于机器人技术扩散，因为此时企业能够获得先发优势；但是，在机器人技术扩散后期，即采用机器人的企业超过一定数量时，市场集中反而有利于机器人技术扩散。进一步实证研究结果表明，竞争有利于机器人技术扩散，部分验证了理论分析的结论，因为中国机器人推广应用仍处于初期阶段。最后，本章提出了进一步促进机器人技术扩散的政策建议。

人工智能技术创新扩散的特征、影响因素及政府作用研究。第六章基于中国 A 股上市公司年报文本数据，揭示了中国人工智能技术创新扩散的总体特征：（1）2016 年、2017 年成为中国人工智能技术创新扩散的爆发期；（2）中国人工智能技术应用方向与国外有差异，智能安防成为应用最热的行业。基于总体特征，本章从微观角度分析了人工智能技术扩散的影响因素，并利用面板二值选择模型进行实证分析。结果显示：企业规模的影响呈倒"U"形；企业研发能力的影响缺乏显著性；市场集中度表现出显著的负相关关系；政府补贴具有正向促进作用。进一步分析发现，相关政府政策的正向作用机制主要在于推动上市公司整体形成新的市场预期，使技术应用走向正反馈循环。当前，中国经济已从高速增长转向高质量发展阶段，人工智能相关政策有必要实现从产业政策为主向竞争政策为主的转变，充分发挥市场在资源配置中的决定性作用。在第五章关于工业机器人扩散的经验分析基础上，第六章计量经济分析使用的数据包括"信息传输、软件和信息技术服务业"和"计算机、通信和其他电子设备制造业"，进一步丰富了研究视角。

第五节　学术创新

（一）研究内容和观点创新

本书从不同角度系统研究了人工智能应用领域的产业创新规律，得出了一系列新结论。第一，本书提出了算法驱动平台创新的基本模式和四种拓展模式。第二，本书针对中国被"卡脖子"的人工智能芯片领域，得出了一些新发现，如人工智能芯片发展体现了从定位创新到产品创新的历程；当前阶段行业中并购对创新存在积极作用，等等。第三，本书考察了市场竞争对工业机器人技术扩散的影响，从理论上分析了不同市场结构下企业采取机器人生产的策略性行为，并利用经验数据检验了理论分析结论。第四，基于上市公司样本，本书分析了中国人工智能技术扩散的总体特征，并从实证角度系统分析了人工智能技术创新扩散中的影响因素。

（二）研究方法的创新

第一，本书综合运用了经济学多边市场理论和管理学平台创新理论，建立新的分析框架来研究算法驱动的平台创新问题。第二，基于实地调研观察的经验事实，对机器人技术扩散进行了理论建模，并基于此分析了市场结构变动对机器人技术扩散的影响，为后续研究机器人技术扩散规律提供了借鉴。

第二章 研究框架

第一节 引言

本章分析人工智能应用领域产业创新规律的一般理论机制,并为全书建立研究框架。首先,明确机器人和机器学习两种人工智能技术及其产业创新规律的差异。机器人技术是一项通用技术,而机器学习既是通用技术,又是"发明方法的发明"。相较于机器人技术,机器学习的应用对创新的影响更为深远。其次,研究人工智能应用领域产业创新的两个基本问题:一是创新的方式,分析新旧企业为了利用人工智能技术创造新价值,采取的方式或途径,主要包括组织模式创新和并购;二是创新的激励或扩散问题,分析市场竞争及政府政策如何影响人工智能技术的发展与扩散。最后,以机器人和机器学习为对象,围绕人工智能应用领域产业创新方式和创新激励这两个基本问题,建立全书的研究框架。

第二节 人工智能:一种通用技术或发明方法的发明?

人工智能技术的快速发展对宏观经济发展和微观经济结构产生深远的影响。但是,不同类型人工智能技术的影响存在较大差异。根据 Cockburn et al.(2019),人工智能技术分为三种类型:符号系统(Symbolic systems)、机器人(Robotics)和机器学习(Machine Learning)。其中,符号系统方面的发展基本停滞,其影响可以忽略。机器人技术是一种通用技术,其扩散与应用会对经济增长、就业和收入等产生重要影响。与之相比,机器学习尤其是深度学习技术既是一种通用技术,也是一种发明方法的发明。其发展和应用的影响最大,不仅会对社会生产力、就业和竞争等产生直接影响,而且有可能改变创新过程本身而产生深远影响。

一 机器人技术:一种通用技术

在考虑人工智能的未来经济影响时,大多数的经济和政策分析都是聚焦于过去几十年的机器人技术推广应用导致的自动化过程,论证其对经济增长、劳动力市场和工资水平的影响。

一方面,自动化对经济增长具有重要积极作用。理论上,在一定条件下,经济生产的自动化过程可以促进资本份额保持稳定和均衡增长。而且,如果知识生产过程可以实现自动化,经济增长可能出现某种形式的奇点,即出现非收敛式的持续增长(Aghion et al.,2017)。而且,以自动化为表征的人工智能可以通过三种机制有效应对老龄化对经济增长的不利影响:减少生产活动所需的劳动力;提高资本回报率,促进资本积累;以及提高全要素生产率(陈彦斌等,2019)。然而,自动化过程会减弱人口增长对经济增长的作用。当自动化导致制造业和农业所占的 GDP 份额降低,而劳动力份额却仍旧保持相对稳定时,经济发展可能出现鲍莫尔"成本病",增长放缓(Aghion et al.,2017)。与理论研究相一致,相关经验研究证实了机器人应用对经济增长的积极作用。以 17 个国家 1993—2007 年行业面板数据为基础的研究发现,工业机器人的应用可以提高经济增长速度 0.37%(Graetz and Michaels,2018)。而且,机器人的使用对经济增长的促进作用在人口红利和后人口红利时期效果更为显著,其主要作用机制是提高经济的全要素生产率(杨光和侯钰,2020)。进一步,以机器人表征的人工智能显著促进了中国企业参与全球价值链分工(吕越等,2020)。

另一方面,自动化会对劳动力市场形成较大的冲击,影响就业、工资和收入分配,但是对该影响的大小仍未能形成一致的意见。自动化对就业和工资会产生两种效应:一是替代效应,即机器人会替代劳动力,降低劳动力需求和工资水平;二是结构效应,即自动化会增加非自动化任务中的劳动力需求,而且资本积累和自动化的深化(对现有机械的改进)也会进一步提升劳动力需求。综合两种效应,自动化会增加工人的单位产出,但导致劳动力在国民收入中的份额降低(Acemoglu and Restrepo,2018a)。而且,自动化会影响资本和劳动的要素相对价格,增加资本收益,减少工资收入,进而扩大社会分配不平等,因而需要合理设定专利期限和对资本进行征税,缓和这种不平等。进一步来讲,与信息革命一样,自动化还会影响劳动力市场结构。随着企业组织平台化趋势进一步加强,企业内部中层干部的比例会降低（Bloom et al.，2014）。劳动力市场可能会出现两极分化情况，工资水平和教育程度低的工作更容易被替代（Arntz et al.，2016）。初次分配中劳动份额将降低，被替代行业中教育和技能水平较低、年龄偏大人群所受损失最大，并扩大收入差距（蔡跃洲和陈楠，2019）。然而，自动化发展对劳动收入份额的影响可能与自动化行业与非自动行业之间的替代弹性相关，因而其作用是不确定的（郭凯明，2019）。尽管以机器人为表征的人工智能会带来这些结构性变动，但是如果市场是完美的且再分配成本较低，人工智能可以实现帕累托改进，使得所有人都受益。如果收入再分配成本太高，因人工智能受损的那些人就无法得到补偿，进而反对人工智能进步（Korinek and Stiglitz，2017）。

在理论研究的基础上，如何刻画自动化对劳动力市场的冲击十分重要，尤其是考虑到行业和岗位的差异性。以美国为例，Frey and Osborne（2017）量化了702个职业被机器替代或自动化的可能性。他们预计未来10—20年，美国47%的工作岗位将会被机器替代，而交通物流工作、行政文员和生产线上的工人面临最大的替代风险。同时，被替代的风险与工资和受教育程度成反比，导致劳动力市场两极分化，验证了理论分析的结果。然而，这可能代表了一种比较悲观的技术威胁论观点，或者说是自动化进程过于乐观了。相比之下，Arntz et al.（2016）采用基于生产活动或任务的量化分析则发现，技术进步带来的威胁没有那么显著。在21个经合组织国家中，9%的工作岗位将会被自动化。而且，这一比例在经合组织国家内存在异质性，反映了各种工作形式、自动化技术投资和工人教育方面的差异。例如，韩国的自动化工作岗位份额为6%，而奥地利的相应份额为12%。类似地，陈秋霖等（2019）也认为自动化不太可能会造成大规模失业，因为机器人的发展与应用源于人口老龄化的不断加深，在一定程度上是厂商对劳动力短期、劳动力成本上升的自发调整，属于"补位"替代了劳动力。

从上述分析可知，自动化过程是一种替代劳动力的技术在制造业中扩散过程，高度依赖于具体应用中的劳动力复杂程度，简单的劳动容易被替代，而复杂的劳动则不易被替代。实际上，目前机器人技术的进步也主要聚焦于如何将机器人技术与高度专业化的应用相结合，创造价值，是创新的扩散过程，而不是创新过程本身。

Cockburn et al.（2019）研究判断，目前的机器人技术进步仍仅是通用技术（General Purpose Technology）。作为一种通用技术，机器人技术具有在大量部门的普遍应用、技术改进的内在潜力和"创新互补性"的特点，进而导致规模报酬递增。其中，"创新互补性"（Innovational Complementarities）指下游部门的研发生产率随着通用技术创新而增加。Bresnahan and Trajtenberg（1995）认为，一些重要的通用技术驱动着技术进步和增长，例如蒸汽机、电动机和半导体。然而，与其他通用技术一样，机器人技术的创新可能"太少、太晚"，难以充分利用机器人技术带来的增长机会。在去中心化经济模式下，应用机器人技术创造价值存在外部性，不仅可能导致创新投资不足，还可能引发创新方向的扭曲。其大小取决于不同应用部门私人收益和社会受益之间差异。而且，下游应用机器人技术发展的不确定性，也会降低所有部门的技术进步率。例如，如果机器人技术与下游应用部门之间存在创新互补性，则在一个应用部门的激励缺少会引起间接外部性，导致整个体系范围内创新投资的减少。各个应用部门创新投资的私人激励取决于该部门的市场结构和收益获取能力，而该部门的创新又可以反馈提高的机器人技术创新，进而引致其他应用部门的后续需求和进一步创新。然而，这些外部收益很难被初始的创新部门获得。

不过，机器人技术并不是可以颠覆创新模式的"发明方法的发明"（Invention of A Method of Inventing）。机器人技术广泛应用仍局限于工业自动化，而在制造业之外应用所需要的感知、反应和操纵物理环境的能力仍十分有限（Cockburn et al.，2019）。换言之，机器人智能化程度仍十分有限。从这意义上，目前研究机器人技术相关的人工智能应用领域创新需要关注的重点问题是机器人技术的创新扩散过程。

二 机器学习：一种通用技术和发明方法的发明

尽管机器人技术进步是 21 世纪初人工智能领域发展的焦点，但是机器学习尤其是深度学习的应用已经成为当前人工智能技术变革的重心。相较于机器人技术应用推动的自动化过程，机器学习的影响更为广泛、更为深远。虽然目前关于机器学习对宏观经济影响的证据还比较少，但是不少研究从微观层面论证了机器学习特别是深度学习未来的应用潜力，尤其是其对创新过程本身的影响。

机器学习技术至少涉及三类规模经济（Varian，2018）。第一类是传统的供给侧规模效应，基于机器学习的算法和软件开发涉及较高的固定成本，而其可变成本较少或可以忽略不计，因而其平均成本随着生产数量的增加而递减。第二类是需求侧的网络效应，包括直接网络效应和间接网络效益。使用机器学习产品的消费者越多，单个消费者能够获得的效用越高（直接网络效益），同时机器学习产品的生产者也由此获益，利用消费者使用的反馈数据提高产品质量（间接网络效益）。此外，由于数据在当前人工智能中占据的核心地位，数据也存在规模效应。第三类是"干中学"，即机器学习能够从问题中积累经验，进而改善或更新算法，积累经验，从而提高质量或降低单位成本。一般来说，产品翻番，单位产出成本可降低10%—25%。虽然这种效率提高的相关经验证据仍有限，但"干中学"或者强化机器学习应该成为企业投资和战略的重点（Stiglitz and Greenwald，2014）。

机器学习和云计算使得根据消费者的特征而进行精准定价、差异化定价成为可能，拍卖和其他基于互联网的新兴定价机制也能够更容易实施（Varian，2018）。这种人工智能技术赋能的差异化定价能够挖掘出更多的消费需求，使市场能够服务于更多曾经无法服务到的对象，尤其是因定价过高而都无法服务到的低收入群体（Shiller，2013；Dubé and Misra，2017）。同时，由于人工智能降低了预测的成本，预测变得廉价，改变企业和市场在特定活动上交易成本的相对优势，进而改变企业的边界。智能化条件下，预测部分已经由机器负责，而企业只需对预测进行解读和判断，企业员工层级和资本需求会减少，劳动结构也会发生根本性变化（Agrawal et al.，2019）。

更重要的是，Cockburn et al.（2019）分析指出，机器学习尤其是深度学习（Deep Learning）技术对创新有双重影响，一是作为通用技术，能够应用到广泛的场景，对长期的技术进程产生有影响力的驱动；二是作为发明方法的发明，为许多领域的创新赋能，即不仅降低了创新过程的成本，而且为创新本身提供了新方法。尤其是在分类和预测等问题方面，机器学习和神经网络方面的进展提供了新方法，使得"自动发现"更为常见；甚至扩展了可以切实解决的问题集合，根本性改变科技社区的概念方法和概括问题框架的方式。相比之下，符号系统方面的进展已接近停滞，对未来创新几乎没有影响。至于机器人领域，早期的"工业机器人"局限于制造业，既不具有通用技术的性质，也不能称为"发明方法的发明"；而近期具有"感知和反应能力的"机器人的发展使其有可能在很多产品和服务的生产中代替劳动力，成为通用技术（GPT），然而机器人技术本身的创新依然不大可能改变创新的性质。

机器学习因其对创新的双重影响，同时面临通用技术的创新外部性问题和"发明方法的发明"的激励问题。通用技术的外部性问题已经在机器人技术领域做出了讨论，即创新的"太少、太晚"的问题。而作为一种发明方法的发明，机器学习不仅可以创造或改善一个特定产品，而且可以成为在更广应用领域内发明新产品的方法。关于发明方法的发明的研究最早是 Griliches（1957）对杂交玉米的研究。杂交方法不仅是创造了一种新玉米，而且代表了培训大量不同新型物种的通用方法。然而，作为一种"发明方法的发明"，机器学习将与杂交方法一样，带来创新中的纵向外部性问题：当创新过程包括多个阶段，早期阶段是提供研发工具，后期阶段为面向终端客户的新产品，如何为不同阶段的研发者提供合适的创新激励？

综合上述分析，我们可以确定下文主要讨论机器学习和机器人两类人工智能技术应用中的产业创新规律。机器学习具有通用技术和发明方法的发明两种属性，而且技术本身正处于蓬勃发展状态，其创新应用也在不断拓展，对产业创新将产生变革性的影响，而机器人技术则仍只有具有通用技术的属性，现阶段仍仅限于更加有效率和更广泛的应用，其技术本身的重要变革则相对迟缓。因此，下文对产业创新规律的探讨也进一步聚焦于机器学习尤其是深度学习。

第三节　人工智能应用领域产业创新路径

人工智能技术尤其是新一代人工智能技术蓬勃发展，成为引领第四次产业革命的核心技术，为经济发展提供了巨大的发展潜能。应用人工智能进行产业创新的首要问题是新旧企业的创新路径是什么？创新何以成功？

一方面，人工智能技术会对在位企业形成技术冲击，在位企业需要为此做出反应，或改变组织模式，或调整创新模式，以应对人工智能的可能冲击，利用新技术，创造新价值，实现增长。例如，企业可以新成立人工智能业务部门，也可以增加人工智能相关的研发投入支出，或者直接收购市场上的人工智能关联企业，进行业务融合。进一步，在位企业在引入人工智能技术时还会面临融合与冲突问题。以零售行业为例，企业是否采用"人工智能+"商业模式取决于企业的内部因素（企业管理者的推动、专门 IT 研发部门的设立、知识员工离职带给企业的风险）和外部因素（新零售冲击、人工智能本身的系统效能，技术扩散）的共同作用（王砚羽等，2019）。采纳"人工智能+"商业模式之后，企业将会面临着来自组织和员工的阻力、项目交付阶段的信任危机。

另一方面，人工智能技术尤其是机器学习技术会刺激新进入企业。新企业要想获得成功，如何利用人工智能技术实现技术跳跃是关键。而且，新企业成功进入市场以后，还需要进一步将这种价值创造能力延伸到其他的关联领域，保证其长期增长。

因此，无论是在位企业还是新企业，为了追求人工智能技术带来的经济机会，应用人工智能创新，都需要选择最优的创新路径或方式。从商业互联网创新浪潮的经验可知，组织模式（平台）创新和并购是两种比较常见的产业创新方式。一方面，商业互联网的创新浪潮催生了协调具有不用商业利益的公司的新组织形式，例如开源平台、标准委员会等。这样的平台化组织模式在人工智能应用领域的产业创新也十分常见。另一方面，并购是企业创新和获取新技术的主要路径。在商业互联网引发的科技革命和产业革命中，并购十分频繁，成为产业创新的重要方式。当然，除了组织模式（平台）创新和并购，人工智能应用领域的产业创新还存在不少其他创新方式，例如产业融合创新、开放式创新等。这些创新方式也十分重要，但限于篇幅，本书主要关注商业模式创新和并购。接下来，我们主要分析两种创新方式：一是采取新的商业模式与人工智能技术相结合的方式，即平台创新，二是采取并购的方式。

一 平台创新

通用技术的采用和实施都需要付出一定成本，而且有时候这种成本会很高，因为他们会导致组织模式的变化（王砚羽等，2019）。例如，通用技术可能会激励管理者在大型组织内部重新分配决策权和自由裁量权（Brynjolfsson and Hitt，2000）。而且，组织模式的调整是成功利用通用技术进行价值创造的必要条件。例如，Katz and Phillips（1982）在解释 IBM 公司成功利用商业互联网的案例中，强调其为满足用户需求而进行的组织模式和产品设计的调整。

机器人和机器学习两种人工智能技术都是通用技术，采用人工智能技术进行创新必然与组织模式的变革相联系，而且这种联系十分复杂。人工智能特别是机器学习既是通用技术，同时又是发明方法的发明，其创新涉及横向外部性和纵向外部性等激励问题。面临这些激励问题，什么样的组织或市场制度更有利于促进创新？这是应用人工智能技术进行创新的新旧企业都必须解决的问题。

商业互联网的创新浪潮催生了协调具有不同商业利益的公司的新组织形式，例如开源平台。这些平台的成功运作驱动了应用商业互联网的大量创新行为。企业可以利用平台快速地进行技术学习（Learning），找到满足用户需求的价值创造场景。在这种新组织模式下，技术平台间的创新影响企业间的策略性行为，进而决定企业的创新机会和行为（Greenstein, 2010）。与商业互联网的创新类似，应用人工智能的产业创新也涉及平台化组织模式，以此解决创新过程中的外部性激励问题。但是，这种平台化组织模式内化成为一家企业，而不是商业互联网创新中的 IEEE 等集体决策之技术平台。例如，机器学习重要的应用领域就是零售、流媒体、社交等领域，推动企业的商业模式创新。机器学习可以赋能企业预测消费者的需求，形成智能推荐。这些领域内的创新都是由大型平台企业主导的，例如社交领域的腾讯公司，流媒体领域的字节跳动公司、快手科技公司等。当前文献较多关注了平台创新发展，而较少关注这种人工智能技术与平台化组织模式的新结合。

从产业经济学的角度来看，平台经济学或多边市场理论是最近十几年来产业组织经济学的新进展。相关研究为我们提供了分析平台的商业模式的基本框架，包括 Rochet and Tirole（2003，2006），Armstrong（2006），Weyl（2010）等。平台的商业模式具有很强的网络外部性特征，导致正反馈效应。当消费者群体规模超过某一临界值时，正反馈效应就会使得需求量加速扩张；而低于这个临界值时，则需求可能逐渐萎缩。经济学称这个临界规模为"临界容量"（Critical Mass）。对于平台而言，交叉网络外部性的存在使得其临界容量具有二维的性质（Evans and Schmalensee, 2010）。此外，平台应用也催生了竞价拍卖和搜索问题。例如，Google 等搜索引擎公司实行的广告拍卖模型可视为广义二级价格投标，投标者策略与经典的二级价格密封投标有所不同（Edelman et al., 2007；Varian, 2007）。

相对产业经济学的视角，创新管理学视角下的平台具有更为宽泛的概念，可分为内部平台与外部平台。（1）内部平台，又称公司平台/产品平台，指按共同结构组织起来的一组资产的集合，公司可在此基础上有效率地发展和生产一系列衍生产品。关于内部平台创新，管理学界有大量研究。不过，现有关于内部平台创新的经验研究和案例研究大多基于耐用品，其生产过程涉及制造，如索尼、惠普、波音、劳斯莱斯、本田等。①（2）外部平台又称产业平台，或创新生态系统，与内部平台在一定程度上相似的产品、服务和技术，但在此基础上外部企业（以"商业生态系统"的方式组织起来）可以进行互补性创新，发展它们自己的互补产品、

---

① 关于内部平台和外部平台创新，更详细介绍可参考 Gawer and Cusumano（2014）和 Thomas et al（2014）。这两篇文章提供了很全面的文献综述。

技术和服务。尤其是 Gawer and Cusumano（2002，2008）基于英特尔公司等案例，发展了一套"平台领导力"（Platform Leadership）理论。存在一个平台领导者（Platform Leaders），即成功将自身产品、服务、技术打造为产业平台的组织，而且可以影响该平台作为核心的整个技术和商业系统的轨迹。而具体到人工智能创新，相关文献主要关注了人工智能技术的创新治理。由于人工智能技术创新结果存在重要的不确定性，可能引发正面效应，也会造成负面效应，因而需要从伦理维度、社会维度进行治理（梅亮等，2018）。

另外，具体到企业内部的组织模式创新，组织经济学比较了 U 型、M 型与 H 型组织。Chandler（1962，1977）和 Williamson（1985）详细分析了现代公司的不同组织形式：U 型、M 型和 H 型组织结构。Chandler 和 Williamson 等都认为 M 型组织能够克服 U 型组织和 H 型组织的缺陷，Williamson 甚至认为 M 型组织是 20 世纪最显著的组织创新。Maskin et al.（2000）从激励角度重新比较了 M 型和 U 型组织，表明在某些假设下，M 型（多部门型）可能比 U 型（单一型）组织提供更好的激励，因为它更有效地促进了标杆竞争（即相对绩效评估）。

总之，虽然现有文献对平台化组织模式和平台创新有所涉及，但是却很少关注人工智能技术驱动的互联网平台的发展。人工智能技术如何与这种平台化组织模式形成互动？平台企业如何解决应用人工智能创新过程中的外部性问题？这些重要的问题仍然未能得到解答，值得进一步深入研究。

二 并购

对于企业而言，尤其是涉及科技企业，从企业发展壮大的角度，研发投入的科研活动与并购的商业活动都不可或缺（陈爱贞和张鹏飞，2019）。并购活动是科技企业常用来获取新兴技术的常见商业手段（胡文伟和李湛，2019；张兵等，2021）。利用并购的方式获取创新产品和生产能力的策略也十分常见。例如，在互联网创新浪潮下，Cisco 公司为了成为企业数据存储设备的巨头，一方面大量加强自己的内部研发力量，另一方面大规模收购小型风投初创企业，以此丰富其产品线和人员队伍。在 20 世纪 90 年代后期，Cisco 收购了 80 多家此类公司，与创办这些公司的风险投资社区形成了一个生态系统（Greenstein，2010）。Cisco 公司的案例诠释了通过风险投资公司发展其创新项目组合的系统战略，即密切监控外部创新项目，并通过并购或其他合作形式"挑选"（Cherry Pick）符合其战略的创新项目。面临人工智能技术带来的冲击，很多在位的大企业也可能通过并购新兴的小企业，从而获取技术能力，进行创新。而这种企业间的并购行为不仅会深刻影响企业创新活动，而且还会影响人工智能应用领域的整个产业创新活动。

依据企业并购对创新的影响，企业并购行为可分为如下两类：一类并购行为发生后，出资企业将会充分吸收被收购企业的技术创新，将其作为自身的技术补充完善，或者使其变成自身的一个下属业务部分，从而继续进行科技创新，助力出资企业的发展，二者实现共赢，这一类并购通常理解为出资企业通过并购新兴企业达到实现"吸纳新兴先进创新"的目的，这便是经济学家所持的"并购促进创新"的观点，此时，企业的并购策略与企业的科技创新活动二者呈互补关系，作为企业策略组合共同服务于优化科技企业经营。

持该促进观点的学者认为，并购发生后，由于并购双方的资产（包括资金与技术等广义概念）存在互补性，且在企业目标上存在一致性，这会促进企业增加研发投入，获取更高水平的技术资源，从而优化企业经营与发展。从科技传播角度而言，出资方对被并方已有技术的有效吸收利用能激励出资方进一步增加研发投入（Prabhu et al., 2005）。

同时，有效的并购还能通过优化企业商业运营来促进并购双方创新质量的提升（杨青和周绍妮，2021）。这些观点背后的内在运行逻辑与人工智能芯片相关行业中多数企业的并购现实情形有着较高的契合度，如在英特尔收购新兴芯片设计优势企业 Altera 与智能驾驶优势新兴企业 Mobileye、英伟达尝试收购 ARM 等众多并购案例中，出资企业进行并购的目的便是借助新兴企业技术创新优势让自身得到更好发展。实际上无论是现有的 FPGA 部门还是无人驾驶的应用部门，在成为英特尔的一个部门后，近年来这些部门的发展情况较好，无论是研发层面还是营收层面的数据都较优秀。

这些都反映出有效技术并购的核心是成功实现企业技术创新和产出的质量提升（姚颐，2022）。此外，涉及资本市场，学者发现杠杆收购不仅没产生负面影响，反而使并购方聚焦于重要战略领域的研发，因此更好地刺激了企业研发（Lerner et al., 2011）。国内相关研究中，王维与李宏扬（2019）发现在信息技术产业中，出资方技术资源对并购创新绩效有正向影响，对研发投入也有积极作用。陈爱贞、张鹏飞（2019）则认为跨境并购一般而言对科技创新都有明显促进作用。

还有一类并购行为发生后，科技企业创新投入与发展水平反而不如从前，会出现被弱化的现象，这是一类并购抑制了甚至扼杀了行业中新兴创新的行为。研究表明，在人工智能的衍生行业数字经济中，这类行为较为常见，大型企业在数字经济领域重大收购导致对同一行业初创企业的投资明显减少。此行为多发生于市场较为饱和、市场中存在拥有强有力市场势力者时，头部企业常通过并购对小企业新兴创新进行打压，进而维持之前头部企业靠自身既有技术优势在行业中形成的市场支配地位或是垄断势力（Kamepalli et al.，2020），这即是"并购抑制创新"的经济学观点。因此，此时，企业的并购决策与企业的创新活动二者呈替代关系，在商业策略中并购部分取代了科技创新的作用。

从经济学角度而言，持并购抑制创新观点的研究按照行为主观性与客观性又能进一步分为两类：一类并购抑制创新发生的深层原因与企业经营存在问题有关联，还有一类发生的原因为龙头企业通过收购消除新兴企业成为竞争者的可能性。

在前一类研究中，经济学家指出，并购发生后，由于存在信息不对称和契约不完全性等客观原因影响了并购后企业合作与运营，可能导致企业研发投入减少（Hitt et al.，1991），使得并购对企业研发活动起到抑制作用。举例而言，由于研发价值难以估量，并购发生后被并购方出于保护现有股东利益的考虑会从原有研发中撤资，造成研发数量和质量下降，因此不利于并购企业科技创新（Stein，1988）。此外，在与股东的抗衡中，被并购企业管理层将处于弱势地位，降低了管理层研发意愿，如果强势管理者认为研发活动不利于优化企业经营与获取利润，则将减少研发投入，从而弱化创新动机（Shleifer and Summers，1987）。实际上，由于能力、管理效率及文化等企业经济特征的差异，并购发生后易催生整合失败，进而削弱研发投入，企业研发强度也将降低。从企业文化角度进行的实证研究便发现了并购对创新研发带来的不利影响（王艳和阚铄，2014）。

此外，企业对债券融资等金融工具的使用动机也可能使得并购对企业科技创新产生负面作用（蒋弘等，2022）。因此在这一类观点中，部分企业进行并购便是较为无效的，属于不合理商业操作，导致企业后续研发活动受阻，研发投入不足且强度下降。也需注意这类行为并非企业主观通过并购抑制创新，存在客观因素的影响。

相反，后一类研究认为企业也可能主观上试图通过并购扼杀创新，Atanassov（2013）认为，为弱化市场竞争程度而进行的恶意收购势必会降低企业研发意愿，其具体表现为发生并购之后企业专利及其引用数量将减少，是创新活动减弱的直接佐证，这与上述所提及的文献 Kamepalli et al. (2020) 针对数字经济进行的最新研究所得结论相契合，该观点尤其适用于占据了垄断地位的企业与较为饱和的产业。对龙头企业而言，一切商业操作都服务于捍卫垄断地位，并购与创新都只是手段，背后的目标才是本质，如果通过并购来抑制新兴企业创新对维持垄断地位是有效的，那么龙头企业将主动采取类似行为，把创新扼杀在摇篮中。因此相比于经营问题导致并购失效对创新活动产生负效应，这类行为则属于出资企业主观行为，借助并购来消除新兴企业创新，消除竞争威胁。

当然，也有学者处于两类观点的中间平衡状态，认为并购是否影响创新或者对创新活动是产生积极作用还是消极作用并不能一概而论，具体结果受诸多因素影响，影响最终结果的因素可能来自企业所有制的具体类型（Aghion et al, 2013）、并购归属是跨国并购还是境内并购（陈爱贞和张鹏飞，2019）等，这些不同因素都将决定企业并购对创新的最终影响。

从上述研究可知，并购如何影响企业的创新行为需要具体情况具体分析，不同行业、行业不同阶段的并购行为可能促进创新，也可能抑制创新。关键是发生并购以后企业的研发投入和活动如何变化。目前，关于人工智能应用领域发展的并购活动之研究仍比较缺乏。并购是一种促进人工智能应用创新的有效手段，还是大企业为了阻碍新进入企业而设置的扼杀创新之障碍？这一重要问题对于促进应用人工智能的产业创新至关重要。

第四节 人工智能应用领域产业创新激励：市场机制与政府作用

面临人工智能技术的冲击，企业不仅要解决采用何种方式利用人工智能技术进行创新的问题，而且还要在不同的经济环境下决定要不要创新、什么时候创新的问题，即企业的创新激励问题。这种创新激励决定人工智能在特定行业的创新扩散快慢和扩散路径。产业创新路径与创新激励这两个问题既相互联系，又存在显著差异。企业对其创新方式的选择取决于整体的市场环境，尤其是市场竞争环境，且企业对创新方式的选择又会反作用于市场环境。但是，对企业的创新方式问题的分析主要关注企业在既定市场环境对不同创新方式的选择，而对产业创新激励的分析则更集中于整个产业或行业中应用人工智能的创新情况，相对而言更为宏观一些。

特定行业应用人工智能创新激励取决于既定行业特征下创新的成本与收益。一方面，应用人工智能技术创造价值必须付出一定的共同发明成本

(Coinvention Cost),即在特定时间点在特定位置根据用户需求将人工智能进行改造的各种成本。虽然为创新活动提供有竞争力的工具可以帮助降低这种成本,但是此类成本永远无法消除。而这种共同发明成本就决定了部署和应用人工智能等通用技术的最终经济成本(Greenstein,2010)。另一方面,采取人工智能技术的创新收益则依赖于不同行业和企业间的市场结构、制度细节和行业组织。而且创新的先后顺序也十分重要。创新成本和收益两方面因素共同决定了企业采取人工智能技术进行创新的激励以及人工智能在特定行业或领域的创新扩散。当然,除了市场因素以外,政府特定的政策也会对产业创新激励产生重要影响,例如补贴、退税等。

一 技术扩散一般规律

技术创新过程不仅仅包括新技术的研究与开发,也包括技术扩散,即新技术的采用,有时候后者可能更为重要,因为只有新技术的应用才能产生收益。一项新技术出现以后,企业往往不会立马采用,因为技术采用是有成本的,而其收益则会受市场需求变动而产生不确定性。如果预期未来技术采用成本会大幅下降且市场需求会大幅增加,企业会考虑延后技术采用。例如,Mansfield(1989)观察到,副产品焦炉的采用了 15 年,工业机器人则用了 12 年,内燃机车用了 9 年。

最早对技术扩散模式或路径的系统研究是 Mansfield(1961)的开创性工作。同时,Griliches(1957)则是在研究技术创新中实际估计了一条技术扩散曲线。当前文献的共识是,技术扩散呈现 S 曲线模式:在新技术出现初期,只有少数企业会采用新技术,而随着越来越多的企业了解和知道该项技术以后,技术扩散加速,越来越多的企业选择采用该项技术,但是当市场上大多数企业已经采用了该项技术以后,技术扩散减缓,愿意采用该项技术的企业减少。

但是,文献对 S 曲线的技术扩散路径的解释存在三类不同模型(Geroski,2000)。第一类模型是流行病模型(The Epidemic Model),其基本的观点是,技术扩散的速度不够快的原因是信息在潜在用户中传播的速度不够快。新技术的传播和采用往往需要一些隐藏信息和知识,而且依赖于口口相传等方式,其传播速度往往取决于信息在行业内、区域内的速度。由于简单技术的信息传播相对简单,这就意味着,简单技术的传播会比复杂技术的传播更快。第二类模型是概率模型(The Probit Model),该类模型主要从企业本身的特征解释技术扩散路径,因为企业才是决定是否采用某项技术的决策者。技术扩散速度缓慢可能是因为企业缺乏足够的动力来采取迅速行动。为了采用某项技术，企业往往需要某些特殊技能，花费一定的学习和搜寻成本，而每个企业的技能禀赋和学习成本是不一样的，决定了不同类型的企业采取新技术的动机也存在差异。这种企业本身的差异也就决定了技术扩散的路径。第三类模型则是从人口生态学中演化而来的密度依赖模型（The Density Dependence Model）。与人口变迁类似，在这类模型中，一项新技术需要经历合法化过程（Legitimation），即被接受的过程，而这一过程主要取决于市场上已经接受新技术的企业数量。随着新技术被越来越多的企业所接受，竞争压力则会限制新技术的采用，因为采用新技术能够获得的额外收益越来越少了。因此，合法化和竞争的双重力量有助于建立新技术，但最终会限制它们的普及。

后续关于技术扩散的研究也基本是在以上三类模型中进行的。同时，基于这些关于技术扩散的微观分析，有些研究也将其用于分析制度、贸易、地理和政策等宏观因素对技术扩散的影响和后果。这也是大多国内相关文献的研究重点，详细考察某一个特定技术的扩散或企业采用某项技术的研究则很少。例如，许和连等（2015）分析了贸易网络地位与技术的跨国扩散之间的关系；林建浩和赵子乐（2017）考察了方言和制度对技术扩散的影响。

二　机器人技术扩散规律

作为一种通用技术，机器人技术的主要问题是其效率提高和技术扩散问题。从自动化的角度而言，机器人技术应用于制造业，推动智能制造，形成更好、更智能的制造，是一种重要的流程创新。这种流程创新在制造业中的扩散规律值得深入研究。目前大多文献主要关注自动化和机器人技术应用的经济后果，只有少数文献关注了机器人技术作为一种重要的流程创新在制造业中的创新扩散情况及其影响因素。

Abeliansky and Prettner（2017）较早关注了人口数量变动对机器人使用密度的影响。他们研究发现，人口增长率增加会降低机器人使用密度，人口增长1%平均会导致机器人使用密度降低2%。Zator（2019）则发现，融资约束会阻碍机器人技术扩散。另一方面，Acemoglu and Restrepo（2018b）利用跨国截面数据，研究人口老龄化对机器人产业的影响。结果表明，人口老龄化会促进机器人的研发和使用。而且，由于机器人主要替代36—55岁的劳动人口，因而该年龄段劳动人口就业更多的行业的机器人使用密度更高。同样地，Stähler（2021）通过建立生命周期理论模型，也发现人口老龄化和机器人生产率提高会促进机器人使用，而且机器人技术扩散可以缓解老龄化带来的经济增长损失，但会加剧收入不平等。另外，Acemoglu et al.（2020b）考察了税制结构的影响。研究发现，当前美国的税收体制偏向于资本而不利于劳动，会导致自动化水平过高。但是，政府可以通过降低劳动税率、征收机器人税，增加就业并达到最优的自动化水平。

有一些学者也研究了中国机器人应用情况。余玲铮等（2019）通过企业调查问卷发现，出口导向、规模较大、用工短缺的企业使用机器人比例更高。同时，他们认为，劳动力市场变化和竞争环境是促进机器人使用的重要原因。Fan et al.（2021）则基于最低工资水平的变动，考察了劳动力成本对企业采用机器人的影响。研究发现，在2008年以前，提高最低工资水平不会影响企业采用机器人的概率，而在2008年以后，提高最低工资水平会提高企业采用机器人的概率，而且这种促进效应在效率高的企业、沿海城市的企业和技术劳动力密集行业更显著。Cheng et al.（2019）也是基于企业调研数据，发现企业规模和资本密集度与企业机器人使用密度正相关，而且劳动力成本上升是推动机器人使用的重要因素。

然而，关于自动化和机器人应用的研究大多没有考虑企业间的策略性行为。自动化和机器人技术应用是一项重要的流程创新，但是企业是否采用机器人技术生产是企业内生的决策，受到整个行业的内外部经济环境影响。而且，任何一项技术扩散的路径不存在对所有行业均成立的精确模式，可能受行业内知识扩散企业从成本收益角度考虑的内在动机，市场的竞争压力等行业异质性特征影响。因此，机器人技术的应用仍值得在考虑企业间策略性互动的基础上进行深入研究。

三　人工智能技术扩散规律

机器人和机器学习两种人工智能技术都具有通用技术的属性，而且机器学习还具有发明方法的发明，将其应用于各行各业进行创新扩散将面临严重的外部性和激励问题，其采用往往"太少、太晚"。因此，人工智能技术创新的扩散受多种因素的影响。对企业而言，在决定是否使用人工智能技术时会考虑自身的特性，如规模、研发能力、财务风险、市场势力等因素，也包括行业层面因素如市场集中度、行业增长率，以及政策层面因素如体制机制、产业政策等因素的影响。下文重点分析了在以机器学习为代表的新一代人工智能技术扩散中，企业规模、研发能力、行业特征（尤其是市场结构）、政府政策等因素对企业使用人工智能技术激励的影响。

(一) 企业规模

Schumpeter（1942）认为企业规模与企业创新能力之间具有正相关关系，大企业具有更强的创新能力。创新活动具有不确定性，大企业风险分担能力更强，可以通过大规模多元化的研发创新消化失败。同时，大企业面临的融资渠道更多，尤其是处于垄断地位的企业，可以通过持续的垄断利润支持研发活动，能够承担得起高额研发费用。并且大企业在规模经济方面更有优势，创新成果的收获也需要企业具有某种市场控制能力。Galbraith（1956）、Kaplan（1954）提出，大企业是引致技术变化的最完整的工具，是技术创新的最有效的发明者和传播者。在实证研究方面，企业规模与创新关系并未形成一致结论。部分研究结论证实了企业创新与企业规模之间的正相关关系（Braga and Willmore, 1991; Blundell et al. 1995; 周黎安和罗凯, 2005），也有文献认为小企业承担了更大比例的创新（Freeman and Soete, 1997）。另外，部分文献认为，企业规模与企业创新之间存在倒"U"形的关系（Scherer, 1965; Loeb and Lin, 1977; Soete, 1979），国内相关实证研究印证了企业规模与企业创新之间的倒"U"形关系（朱恒鹏, 2006; 吴延兵, 2008; 聂辉华等, 2008）。

以机器学习为代表的新一代人工智能致力于提升预测能力，实现机器智能化，为消费者提供个性化定制服务。Chui（2017）研究表明，大规模企业倾向于更快投资人工智能，中小企业在投资新技术方面相对滞后。Varian（2018）在讨论机器学习与企业最小效率规模（Minimum Efficient Scale）时提出，人工智能背景下企业最小效率规模的变化取决于固定成本与可变成本之间的关系。如果企业针对消费者提供高度定制化服务与产品需要高额成本，那意味着企业固定成本偏高，大规模企业有能力抵消这部分固定成本，小企业处于相对劣势地位。同时，在人工智能时代，云服务提供商可以为企业提供数据操作与分析的软硬件环境，以及提供公共数据与私人数据库接口，因此在云服务可获得的前提下，初创公司可以通过云服务获得软硬件设施，并集中精力进行核心能力的开发，因而在人工智能时代，机器学习技术有可能降低企业最小效率规模。

(二) 研发能力

新一代人工智能的关键技术特征是使用机器学习，尤其是深度学习，让计算机从经验中学习。深度学习即使用多层神经网络直接处理数据，并根据层次化的概念体系来理解世界，而每个概念则通过与某些相对简单概念之间的关系来定义。由此可以发现，深度学习技术的广泛应用有赖于算法、计算能力和数据三个因素。其中算法和算力突破涉及技术问题，数字化技术研发能力强的企业在算法和算力突破方面具有优势,在大数据的加持下可以实现技术突破和商业应用。另外,新一代人工智能技术需要大量的数据进行模型训练和性能提升,使得数据成为企业间竞争的热点,大数据和云服务等数据密集型企业也可以借助成熟的算法实现技术商用。早期的人工智能技术采用者大多来自已经在相关技术中大规模投资的部门,例如云服务和大数据。这些部门也处于数字资产和使用的前沿(Chui, 2017)。这表明,企业在机器学习等相关的技术方面的积累,尤其是数字化方面,对企业采用人工智能技术十分重要。前一代技术积累有利于企业抓住新一轮技术变革的经济机会,而没有相关积累的企业则比较难赶超。因此,我们可以合理推断,研发能力越强的企业,更倾向于投资人工智能形成新的核心竞争力。

(三)行业因素

人工智能技术的产业创新激励与市场竞争环境密切相关,因为市场结构是影响企业创新的重要因素,同时人工智能的产业创新和应用也会反作用于市场结构。一方面,Schumpeter 认为,完全竞争市场削弱了企业创新的回报,从而弱化创新激励,而拥有垄断势力的企业可以通过对技术垄断获取垄断利润,阻止创新被模仿,有更强的创新激励。Gilbert and Newbery(1982)提出,垄断者获取的垄断利润大于竞争性市场结构的企业利润之和,更有积极性保护其垄断利润,因而拥有更强的创新激励。Jadlow(1981)和 Kraft(1989)等研究则为此假说提供了实证支撑。另一方面,Arrow(1962)则提出相反的观点,强调竞争性市场结构更具有创新激励。由于企业引入新技术会替代旧技术,与竞争性厂商利润相比,垄断厂商由于在位利润更高,缺乏"逃离竞争"的激励,创新激励更低。Geroski(1994)、Nickell(1996)、Blundell et al.(1999)、Broadberry et al.(2000)等人的研究验证了竞争性市场结构更有利于激励企业创新的结论。最后,市场集中度与企业创新激励之间也可能存在倒"U"形关系,即存在适度区间(Levin et al., 1985;Aghion et al., 2005)。国内关于市场结构与企业创新激励的结论是混合的,并未形成统一结论(吴延兵,2008;聂辉华等,2008;寇宗来和高琼,2013;孙早等,2016)。

人工智能技术所具备的学习能力能够大规模推广使用,并且持续升级更新,同时引发与之相配套的创新活动,具有通用技术的属性。但人工智能技术在行业间的扩散并非同步,受市场因素的影响,企业对未来市场需求、未来采用该技术的成本以及利润不确定性的预期,都将影响企业使用人工智能技术的决策。这些因素导致机器学习在不同行业的普及率和适用性存在差异。高技术产业如电信、技术和能源等行业会比建筑和旅游等低技术含量的行业更能够适应和利用机器学习，推动产业生产率提高和产业发展。2017 年麦肯锡的行业研究报告证实了这种趋势和差异（Chui，2017）。各行业所采取的人工智能相关技术数量基本呈现随行业本身技术含量降低而减少的态势，电信和高科技行业采用的人工智能相关技术的数量最多，而建筑和旅游业采用数量最低。从中国人工智能产业整体发展来看，产业结构升级是人工智能发展的驱动因素。中国智能经济发展源于经济转型升级创造出的智能化需求，是内生性的。强烈的需求牵引、数据生态优势、平台主导的创新生态系统、新型创新区发展、人工智能与实体经济的加速融合和地方政府的积极响应，是中国智能经济涌现和发展的基本条件和驱动因素。与工业经济不同，人工智能科技产业在基础研究、应用开发和规模生产（应用）之间正反馈效应对数据流动和数据资产的依赖，为中国智能经济发展创造了条件（刘刚等，2021）。

与此同时，新一代人工智能技术的扩散会引起产业和市场结构的变动。人工智能技术各行业渗透率的差异一方面会造成行业内部的结构调整，另一方面也会造成各行业的生产率差异进一步扩大，影响企业的投资选择和方向，造成产业结构变动。而且，由于人工智能造成的三类规模经济，市场可能造成"赢者通吃"的态势，导致垄断或寡头垄断结构。因此，人工智能的发展可能导致那些较早采用人工智能相关技术的电信和高科技行业出现这种垄断的市场结构，或者加剧已有的垄断局面。更重要的，较早采用人工智能的企业可能也是该行业人工智能行业应用的各类标准的制定者，这些标准可能给予先行者非竞争性优势，造成后采用人工智能的企业处于竞争劣势。因此，人工智能作为一种通用技术可能是非竞争性的，但是其在各行业的应用则是竞争性，尤其是机器学习所需要的数据及数据规模效应。

（四）政府作用

选择性产业政策主要运用财政、金融、外贸和制度干预、"行政指导"等手段，有选择地促进某些产业发展。政府补贴是选择性产业政策的一种手段，可以与其他选择性产业政策手段共同促进重点鼓励行业中企业的技术创新（余明桂等，2016），但政府补贴可能存在"适度空间"，即适度的补贴强度能够激励企业从事创新活动，过高的补贴强度会引诱企业为了获取补贴而创新（毛其淋和许家云，2015；安同良等，2009）。黎文靖和郑曼妮（2016）研究表明，受产业政策激励的上市公司新增专利主要集中在非发明专利领域，选择性产业政策的财税手段促使企业为了获取政策扶持而进行策略性创新，缺乏实质性创新，没有显著提升创新质量。

网络外部性是人工智能技术的一个重要特征，更多企业使用人工智能技术可以提升算法精度并产生新的训练数据，提升人工智能企业的外部性收益。在人工智能技术创新扩散早期，网络外部性收益不足以吸引企业采用人工智能技术。如果新旧技术不兼容，企业是否使用新技术取决于已有技术的网络外部性规模：如果已有技术具有较强的网络外部性，企业转向新技术需要承担较大的机会成本，而新技术在用户规模小的情况下无法为早期企业提供较高的收益，导致企业选择继续使用已有技术，延迟了创新的扩散（Farrell and Saloner，1986）。政府在技术扩散早期的积极作为可能是化解网络外部性带来的扩散延迟问题的一种措施，政府的作用如同"泵中灌水"（Postrel，1990）。

因此，政府补贴等扶持性产业政策在一定程度上可以减轻早期人工智能企业的转换成本，缓解早期激励不足带来的技术创新扩散延迟问题。在创新扩散早期，政府的扶持性政策不仅可以诱发更多企业转向使用人工智能技术，而且有助于人工智能领域的创新创业企业突破早期发展瓶颈。与传统的商业型创业企业不同，人工智能创新创业企业主要是由科研人员从事的学术型创新创业，具有"厚积薄发"的特点，更容易产生颠覆性重大创新。其发展初期以消化原有科研成果为主，研发投入相对平稳，而在实现一定的成果转化后，研发投入和技术积累水平会出现迅速提升。因此，财政补贴对于学术型创业企业的研发活动具有显著的正向促进作用，而且财政补贴政策的激励效果优于税收优惠（杜传忠和刘志鹏，2019）。

第五节　全书研究框架

本书利用以上分析人工智能产业创新方式和创新激励两个基本问题的研究框架，对机器学习和机器人技术两种人工智能技术应用领域产业创新规律开展深入研究。而且考虑到机器学习尤其是深度学习是本轮人工智能技术发展的重心，其影响也比机器人技术更大、更深远，本书的研究也将主要聚焦于应用机器学习技术的产业创新规律。全书研究框架如图 2-1 所示。

```
                          平台创新
                    ┌──────────┬──────→ 第三章：算法驱动的平台创新
                    │ 创新方式 │
                    └──────────┤ 并购
┌──────────────┐    │           └──────→ 第四章：技术迭代、并购与人工智能
│ 人工智能应用 │    │                    芯片产业创新
│ 领域的创新模 ├────┤
│ 式与激励研究 │    │           ┌──────→ 第五章：市场结构与机器人技术扩散
└──────────────┘    │ 创新激励 │
                    └──────────┴──────→ 第六章：人工智能技术创新扩散的
                                        特征、影响因素及政府作
                                        用
```

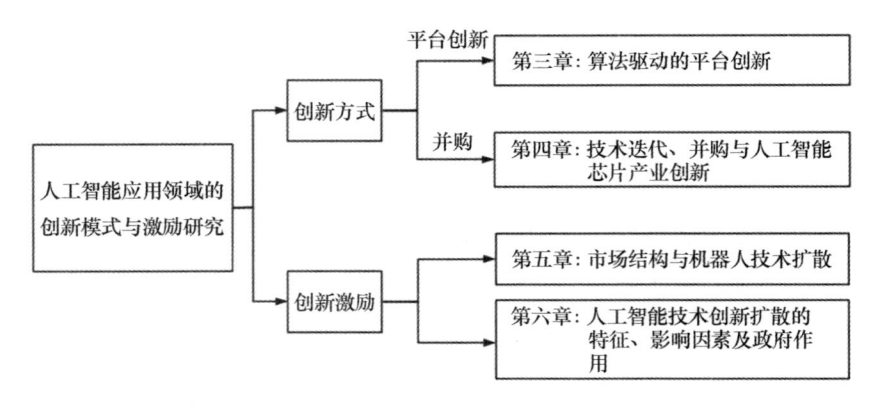

图 2-1　全书研究框架

注：人工智能技术应用领域的创新激励问题，实质上就是人工智能技术在特定行业或领域的技术扩散问题。

从产业创新方式出发，本书第三章选取服务业为案例，分析在流媒体领域中应用机器学习尤其是深度学习进行产业创新与平台化组织模式之间的互动，研究算法驱动的平台创新规律。由于机器学习是"通用技术"同时又是"发明方法的发明"，是非常复杂的现象，学界对其动态学的理解或刻画还远远不够（Cockburn et al., 2019）。尤其是存在横向外部性和纵向外部性的条件下，什么样的企业组织或市场制度更有利于促进创新？平台企业和平台创新可能正是这样的制度安排。

本书第四章选取制造业为案例，分析机器学习对芯片制造产生的深远影响，研究并购如何影响以机器学习为基础的人工智能芯片设计行业发展。目前，人工智能芯片设计及其应用仍处于发展初期，但是行业内并购案例频发。这种并购是利于促进人工智能芯片行业的创新发展，还是既有芯片大企业所采取的扼杀创新行为？从促进行业创新发展的角度，政府对此类并购是否应当有所作为？这些重要问题是本章分析的重点。

从产业创新激励出发，本书第五章研究市场竞争与机器人技术扩散的关系，分析市场环境如何影响企业采用机器人技术的激励。机器人技术创新的关键是推动机器人技术扩散。尤其是随着中国制造业成本上涨、人口老龄化等问题日益凸显，促进机器人技术推广应用十分紧迫。当前研究机器人技术缺乏对中国机器人技术扩散的实地调研，而且对于市场竞争如何影响企业采取机器人技术进行生产的动机也关注不多。但是，从商业互联

网的发展历程可知，竞争对互联网的创新扩散具有十分重要的意义。因此，进一步深入研究既定市场结构下企业采用机器人的激励，分析市场竞争如何影响机器人技术在行业扩散，具有重要意义。

在考察了机器人技术扩散的基础上，本书第六章进一步研究以深度学习为代表的人工智能技术扩散，分析总结中国人工智能技术创新扩散的典型特征，考察企业规模、研发强度等企业特征，市场竞争、产业结构等行业特征，以及政府补贴等因素对其创新扩散的影响，为进一步推动本轮人工智能技术扩散提供指导和针对性建议。

第三章　算法驱动的平台创新

第一节　引言

市场经济要解决的基本问题之一是如何促进供给方与需求方有效匹配。在产品相对同质的情况下，竞争性价格机制使得每一种产品的供给量等于需求量，实现帕累托效率，即不可能在不使其他人境况变差的情况下改善某个经济主体的福利。然而对于特殊性质的产品，简单的价格机制并不一定能保证帕累托效率，市场机制表现为更复杂、精巧的结构。

以信息服务市场为例，它有一些显著特征。第一，产品差异性：每一篇新闻报道提供的信息都有差异，不可能假设对每一篇信息报道内容都存在一个竞争性市场。第二，信息不对称：消费者阅读新闻报道，要获取的是信息本身，这些信息在阅读之前并不知晓，因此对产品质量如何，是否符合自身需要都难以确知。第三，公共产品性质：新闻报道一旦生成，技术上即不具有排他性。一位读者阅读某篇新闻报道并不排斥其他人阅读，理论上来说，同一张报纸（物理意义上的）可以被无数人阅读，而且其边际成本可以视为0。而在互联网信息服务市场上，还有一些新特征。第四，大规模信息匹配：即使限于新闻资讯，网上信息篇数也达百万以上量级，如何快速让消费者读到最需要、最感兴趣的信息？第五，动态性：信息是实时更新的，如何让匹配算法实时反映信息内容和消费场景的变化？进一步的，如何借助匹配算法赋能内容生产者创新，使其提供的信息服务更切合消费者需要？

信息流智能推荐是信息服务市场一种创新性的商业模式。它根据机器学习算法，主动将消费者可能最感兴趣的内容以信息流的方式在手机应用程序中呈现出来。① 信息流（文本、视频等）排序结合了内容、用户特征、环境特征等，系统界面具有"千人千面"的特点。字节跳动公司旗下的新闻应用程序"今日头条"和短视频应用"抖音"，快手科技公司旗下的短视频应用"快手"等，都是这种信息流智能推荐的典型产品。

本章以中国信息流推荐领域重点企业（字节跳动、快手、腾讯等）为例，研究算法驱动的平台创新规律。我们重点关注下列问题：算法驱动的平台商业模式创新如何促进了市场供需双方的匹配，从而对市场经济基本问题的解决做出了贡献？平台创新具有怎样的特征？网络外部性条件下创新如何启动？算法驱动的平台竞争会形成什么样的市场格局，对创新方向有何影响？平台创新如何影响企业内部的组织结构？算法驱动的平台创新引发了哪些值得关注的公共政策问题？

为深入挖掘案例背后的经济学和管理学含义，本章结合产业经济学中多边市场理论、创新理论，组织经济学中关于 U 型/M 型组织结构的理论，以及创新管理学中关于平台创新的理论，建立了一个统一的分析框架，来研究算法驱动的平台创新及其相关问题。这个框架以多边市场为基础，从基本模式和四个拓展模式的角度分析了算法驱动的平台创新。

算法驱动的信息流智能推荐平台（如今日头条）与传统的信息服务平台相比，既有共性特征也有创新性特征。共性是都可以视作"多边市场"，具有三个基本特征。一是作为多产品（服务）提供者，至少连接着内容生产者、消费者、广告商者三"边"；二是平台各边用户之间存在交叉网络外部性；三是平台对各边用户有定价能力，并依据交叉外部性制定最优的价格结构。然而，与传统信息服务平台相比，信息流智能推荐平台在人工智能算法驱动下呈现出全面创新、持续创新的格局，即商业模式创新为主导和基本模式，同时包括了产品创新、流程创新和定位创新，而平台是推动创新的主要架构。

算法驱动的平台创新就其基本模式而言是商业模式创新：平台只负责信息分发，不直接生产信息内容；而在算法驱动下，实现了系统界面的"千人千面"，促进了市场供需双方的有效匹配。尤其是广告竞价系统，信息流智能推荐平台相对于搜索引擎的创新在于实现了广告与常规内容混排，可以根据更加细分的用户标签，进行个性化智能广告推荐；并且基于

---

① "信息流"概念来自英文"Feed"。"Feed"本意指动物的饲料，用作动词指喂养。简单说来就是一种信息单元格，如一段文字、一张图片或一个视频/音频。信息流是信息出口，想要与他人或资讯建立连接，只需要"刷新"一下。很多社交和资讯类应用中都使用了信息流，例如今日头条的推荐页、微信的朋友圈、知乎的关注页等。

机器学习方法，对点击率（CTR）的预估更加准确。

在商业模式创新的基础上，算法驱动的平台创新还包括四种拓展模式。

第一，基于内部平台，持续推动产品系列创新。在内部平台创新模式上呈现出几条规律。一是产品系列创新具有相同模式——基于智能化推荐核心技术，只是应用到不同场景。二是在产品商业化策略上，往往遵循从定位创新到产品创新的顺序：首先在同一母产品内部做服务模式拓展和定位创新（如作为已有产品的一个频道或多边市场中新的"边"），基于已有的多边市场平台积累数据、开发数据新用途，条件成熟时再将其打造为独立产品。

第二，不仅用算法驱动内容生产者、广告商、消费者之间的匹配，而且将算法驱动深入到内容生产过程、广告制作过程，即通过产业平台，推动生态系统中的内容生产者、广告商实现"互补性创新"。

第三，平台竞争与创新。本章还以短视频为例，研究了算法驱动平台之间的竞争及其如何影响创新。国内短视频行业呈现抖音与快手"双寡头"格局，而且抖音相对彻底的算法主导与快手"算法+社交推荐"模式存在差异。我们发现，这种差异可以视作竞争环境下策略性选择的结果。当平台存在交叉网络外部性时，要突破"临界容量"才能生存下来，这意味着行业结构往往是寡头式的，仅有少数几家大企业竞争。而在寡头市场结构下，企业间的竞争会导致产品差异化，差异化体现在算法的偏向性上。

第四，平台与企业内部组织结构创新。本文发现 U 型组织结构与算法驱动的平台是相互匹配的，M 型组织结构则不适合算法驱动的平台。因为对于算法驱动的平台，不同产品背后的逻辑都是"多边平台模式+算法推荐"，其不同职能（多边平台不同"边"）之间的互补比不同产品之间的标杆竞争更重要；而且算法驱动的内部管理弥补了传统企业中 U 型组织的缺陷。本文以此解释了为什么腾讯在 QQ/微信等产品取得巨大成功的同时，在信息流推荐产品开发方面却并不成功。

最后，我们讨论了平台创新引发的公共政策问题，包括智能推荐平台是否改善了资源配置，尤其是关于抖音"引发沉迷"的争议；数据产权与反垄断争议，以及低俗内容与平台治理等，并提出了相应的政策建议。

第二节　分析框架

在已有文献基础上，本章提出一个基本模式和四个拓展模式的分析框架（图3-1），来研究算法驱动的平台创新。

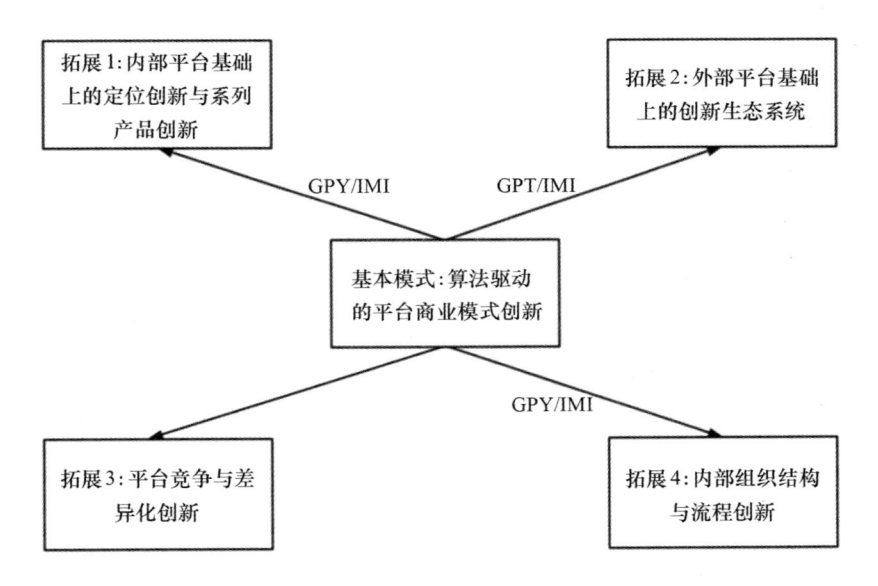

```
拓展1：内部平台基础              拓展2：外部平台基础
上的定位创新与系列              上的创新生态系统
   产品创新
          ↖       GPY/IMI       GPT/IMI      ↗
                基本模式：算法驱动
                的平台商业模式创新
          ↙              GPY/IMI            ↘
拓展3：平台竞争与差              拓展4：内部组织结构
   异化创新                       与流程创新
```

图3-1　算法驱动平台创新的基本模式及其拓展

基本模式：算法驱动的平台商业模式创新。算法驱动的平台创新本质上是一种商业模式创新，即借助算法智能推荐，促进平台各边之间的匹配。从经济学角度观察，其提高效率的根源在于促进了供需之间的匹配。我们第四节将详细阐述这一商业模式创新的理论机制。基本模式在不同环境下的应用，即为不同的拓展模式。一是在同一个平台企业内部，将算法智能推荐应用到不同产品，持续开发新产品系列，则为内部平台创新。二是借助多边市场平台，赋能平台各侧的外部企业在其自身的产品设计和生产中引入算法智能推荐模式，则为外部平台创新。三是同样使用算法推荐的平台企业之间竞争对创新的影响。四是将算法智能推荐应用到内部组织结构，即为组织结构上的流程创新。

这里概括出的四种拓展模式，综合了创新管理学、产业组织理论和组织经济学的相关理论框架,全景式展现了人工智能企业依据平台开展创新的方式。创新管理学已有文献从内部平台与外部平台的角度阐述了平台创新(相关文献综述见本书第二章)。内部平台,又称公司平台/产品平台,指按共同结构组织起来的一组资产的集合,公司可在此基础上有效率地发展和生产一系列衍生产品。外部平台又称产业平台,或创新生态系统,与内部平台在一定程度上相似的产品、服务和技术,但在此基础上外部企业(以"商业生态系统"的方式组织起来)可以进行互补性创新,发展它们自己的互补产品、技术和服务。然而,对于平台创新的拓展模式,仅仅讨论内部平台和外部平台两个层面并不充分。外部平台创新或产业平台创新的框架更多强调了平台内企业依托平台开展的互补性创新,并未涉及竞争性平台在创新方式上的差异。已有产业组织理论中的产品差异化模型恰好弥补了这一空白。依据产业组织理论,竞争性平台会寻求产品差异化以减弱竞争对利润的负面影响。我们将探讨平台差异化对创新的影响。内部平台创新仍然是一种产品创新,并未涉及企业内部的组织模式创新。组织经济学比较了 U 型、M 型与 H 型组织(相关文献详见第二章)。主流观点认为 M 型组织能够克服 U 型组织和 H 型组织的缺陷,Williamson 甚至认为 M 型组织是 20 世纪最显著的组织创新。算法驱动的平台创新对组织模式会产生何种影响进而引发何种组织模式创新?这也是值得关注的拓展模式之一。

第三节 信息匹配机制与中国互联网行业格局演变

信息服务市场的匹配机制至少可以分为四种类型。

第一,人工编辑。传统报纸和互联网新闻门户网站采取了此种方式。其特征是由具有新闻专业资质的编辑人工筛选,决定哪些新闻资讯可以被读者看到。

第二,主动搜索。例如谷歌、百度等搜索引擎公司提供的服务。其特征是信息需求者输入关键词,搜索引擎公司根据关键词搜索互联网上的相关信息,并返回排序的结果。

第三,社交推荐。例如 Facebook、微信等提供的朋友圈服务。其特征是信息只有被用户关注的好友转发才能被看到。

第四,信息流算法推荐。例如 Youtube、今日头条、抖音、快手等新闻资讯和视频网站，按照人工智能算法计算最符合当前用户的资讯和视频，并推荐给该特定用户，具有"千人千面"的特征。

杜创（2019）从普及率的角度，发现中国互联网普及进程可以划分为三个阶段。① 从信息匹配机制的角度看，中国互联网行业格局演进也呈现出三阶段特征（图3-2）。

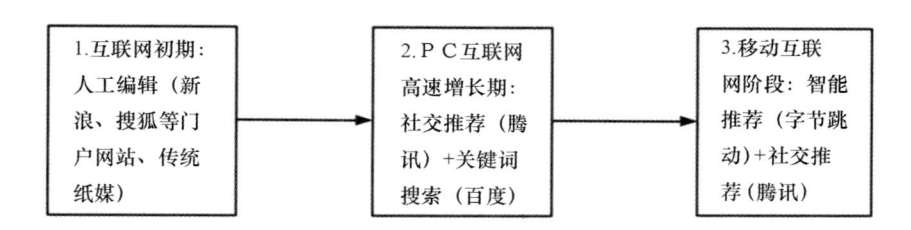

```
┌─────────────┐     ┌─────────────┐     ┌─────────────┐
│1.互联网初期：│     │2.PC互联网   │     │3.移动互联   │
│人工编辑（新 │ ──> │高速增长期： │ ──> │网阶段：智能 │
│浪、搜狐等门 │     │社交推荐（腾 │     │推荐（字节跳 │
│户网站、传统 │     │讯）+关键词  │     │动）+社交推  │
│纸媒）       │     │搜索（百度） │     │荐（腾讯）   │
└─────────────┘     └─────────────┘     └─────────────┘
```

图3-2 互联网信息匹配机制的演进

第一阶段（2006年之前）：新浪、搜狐等新闻门户网站引领潮流。在互联网起步阶段，普及率低，网民数少，网民上网主要目的是获得新闻资讯，因此门户网站最早引领潮流。从信息分发角度看，这一时期新闻门户网站仍如纸媒，依靠人工编辑确定信息分发内容；差别仅在于互联网可以不受纸媒版面限制，内容更加多样化。

第二阶段（2007—2012年）：腾讯、百度时代。信息搜索和（年轻人）社交是最重要的互联网应用。在互联网高速增长阶段，网络信息爆炸式增加，如何从海量信息中筛选有用信息？此时由于信息内容的数量和用户数量都呈指数式增加，单靠编辑人工筛选已很难应对日益多样化的需求。搜索引擎的重要性日益增加。同时，在用户量突破10%门槛之后，基于互联网的社交的重要性也凸显出来。这一阶段最重要的两个企业——

---

① （1）起步阶段：1986—2006年。互联网从零起步，增长相对缓慢，互联网普及率年增加不超过2个百分点，上网人数年增量也在3000万人以下，到2006年互联网普及率才突破10%。（2）高速增长阶段：2007—2012年，互联网普及率10%—45%。这一阶段，互联网普及率快速增加。尤其是2007—2010年，互联网普及率增加到34.1%，年均增加近6个百分点；从绝对量上看，上网人数年增量从不足3000万人跳跃到7000万人以上。2011—2013年略放缓，但普及率年均增长仍接近4个百分点；上网人数年增5000万人以上。（3）转向高质量发展阶段：2013年以来，互联网普及率45%以上，互联网上网人数达到6亿以上。互联网普及率年增2—3个百分点，上网人数年增量回落到3000万—5000万人。这一阶段在大规模网民存量基础上，互联网对社会经济生活的影响向纵深发展。

腾讯与百度在伯仲之间。大多数时间，腾讯位居中国互联网上市公司市值第一（表3-1）。2011年3月，百度市值甚至曾超过腾讯，成为中国互联网上市公司第一[①]。

表3-1　中国互联网上市公司"五强"变化（2011年、2021年）

2011年			2021年		
位次	公司名称	市值（亿美元）	位次	公司名称	市值（亿美元）
1	腾讯	498.0	1	腾讯	7693
2	百度	420.5	2	阿里巴巴	6265
3	阿里巴巴	79.7	3	美团	2330
4	携程网	59.9	4	拼多多	1678
5	新浪	59.0	5	快手	1408

注：（1）2021年4月30日收盘数据。其中腾讯、美团、快手在港交所上市，市值按"1港元＝0.1287美元"汇率折算为美元市值。2021年数据来自新浪财经。（2）阿里巴巴较特殊：2007年11月，阿里巴巴网络有限公司（阿里巴巴B2B公司）以B2B业务作为主体，在香港交易所上市，2012年6月退市；2014年，阿里巴巴在美国纽交所上市。

资料来源：https：//blog.csdn.net/QQ823011051/article/details/7584306，2011年6月9日数据。

第三阶段（2013年以来）：随着4G覆盖面不断增加，互联网从PC时代逐渐迈向移动时代。互联网行业格局呈现出两个特征，一是微信、短视频等移动互联网新势力崛起，基于移动端的数字内容消费成为主流。二是在线购物/生活服务普及，互联网开始影响线下，网约车、移动支付、网上叫外卖、共享单车、互联网医疗、在线教育等新业态新模式层出不穷。在线购物方面，手机淘宝、拼多多等应用月活人数达到7亿以上。而在基于移动端的数字内容消费方面，最活跃的两个应用则是微信和抖音。

从信息匹配的角度来看，移动互联网时代社交推荐仍然是主流的匹配机制之一。信息流智能推荐也逐渐上升为主流的信息匹配机制，一是由于

[①] 美国当地时间2011年3月23日，百度（股票代码：BIDU）市值收盘时为462.04亿美元，已超过腾讯（00700.HK）北京时间3月23日收盘时的约446亿美元。这也标志着五年来，中国互联网上市公司市值第一的头衔首次易主。资料来源：https：//it.sohu.com/20110324/n279973774.shtml。

移动应用能够更好收集用户个人信息,从而使得基于算法的智能推荐成为可能;二是由于移动互联网时代信息体量再度大规模增加,对信息筛选的要求进一步提高。

第四节 基本模式:算法驱动的平台商业模式创新

字节跳动、快手科技等公司旗下产品是国内信息流智能推荐模式的典型。本节以字节跳动、快手科技等公司为案例,研究算法驱动的商业模式创新。

北京字节跳动科技有限公司成立于 2012 年 3 月,恰逢移动互联网浪潮即将到来的时候。目前,公司业务覆盖 150 个国家和地区、75 个语种,拥有近 10 万名员工,旗下拥有今日头条、抖音、西瓜视频、飞书等产品。(1)今日头条是一个通用信息平台,2012 年 8 月作为字节跳动最早一批 App 上线。目前今日头条拥有推荐引擎、搜索引擎、关注订阅和内容运营等多种分发方式,囊括图文、视频、问答、微头条、专栏、小说、直播、音频和小程序等多种内容体裁,并涵盖科技、体育、健康、美食、教育、三农、国风等超过 100 个内容领域。目前今日头条月活用户数已超过 3 亿。(2)抖音则是一个短视频平台,2016 年 9 月上线。抖音是一款可在智能手机上浏览的短视频社交应用程序,用户可录制 15 秒至 1 分钟或者更长的视频,也能上传视频、照片等,能轻易完成对口型(对嘴),并内置特效,用户可对其他用户的影片进行留言。最初于今日头条孵化上线,定位为适合中国年轻人的音乐短视频社区,应用为垂直音乐的 UGC 短视频。截至 2022 年年底,抖音月活跃用户数已达 7.59 亿人,成为字节跳动旗下最成功的一款应用产品。[①] (3)抖音海外版——Tiktok,2017 年 5 月上线。TikTok 曾在美国市场的 App 下载和安装量跃居第一位,并在日本、泰国、印尼、德国、法国和俄罗斯等地,多次登上当地 App Store 或 Google Play 总榜的首位,可谓中国最成功的互联网出海产品。除了今日头条和抖音,字节跳动旗下的应用产品还包括抖音火山版、西瓜视频、懂车帝、住小帮、幸福里、清北网校、GOGOKID、皮皮虾、飞书、火山引擎、

---

① 数据来自艾媒咨询(iiMedia)。

Faceu 激萌、剪映、轻颜相机、番茄小说。①

快手 App 是中国流行的短视频和直播应用之一。2011 年推出原创移动应用程序 GIF 快手，供用户制作并分享 GIF 动图，系短视频的雏形。2012 年成为中国短视频行业的先驱，帮助用户在移动设备上制作、上传及观看短视频。2013 年推出短视频社交平台。2016 年推出直播功能作为平台的自然延伸。2017 年第四季度，以虚拟打赏所得收入计，快手主站成为全球最大单一直播平台。2020 年上半年，快手的中国应用程序及小程序的平均日活跃用户数突破 3 亿人。2021 年 2 月 5 日，快手科技在香港联交所主板挂牌上市。②

一 作为"多边市场"的平台

在信息服务市场上，多边市场结构一直是主流的商业模式，其价格结构特殊。例如，报纸向读者提供新闻信息，但报纸本身的订阅费并不高，往往不是报纸的盈利来源；报纸通过提供广告版面从企业那里获取利润。在互联网时代，新闻门户网站采取了大体相同的商业模式。搜索引擎也是如此：网民使用搜索引擎获取信息是免费的，但搜索到的信息页面头几条往往是企业付费的广告信息。

字节跳动、快手旗下主流产品与传统纸媒、新闻门户网站、搜索引擎等在商业模式上有相似之处，即多边市场的平台商业模式。我们首先以今日头条为例，简单阐述其多边市场结构（见图 3-3）。

第一，可以将信息流智能推荐平台看作一个多产品（服务）提供者，至少连接着内容生产者、消费者、广告商三"边"。

今日头条自己并不生产新闻信息，而是提供信息发布平台。信息生产者包括两种类型，一种是 PGC（Professionally-Generated Content），即专业生产的信息内容，包括各类新闻媒体；另一种是 UGC（User Generated Content），即由普通用户生成信息内容。

今日头条的广告侧为企业提供广告展示空间。广告形式主要有三种。一是开屏广告：App 启动时进行展示，可支持分时间段展示广告素材和落地页，满足客户个性化推广需求，支持静态、动态模式。二是信息流广告：信息流中穿插展现的原生广告形式，广告即是内容，契合资讯深度阅读体验的广告形式。三是详情页广告：文章/视频详情页中展现的广告样

---

① 信息来自字节跳动公司网站，https://www.bytedance.com/zh/。
② 信息来自快手科技公司网站，https://www.kuaishou.com/about/。

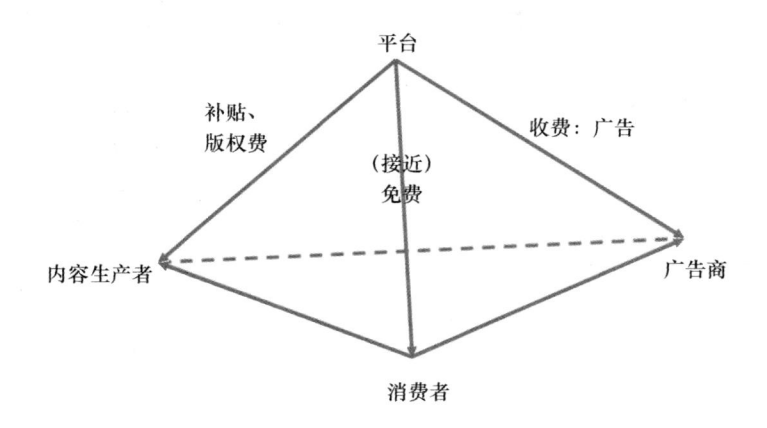

图3-3　信息流智能推荐平台的多边市场结构

式,支持小图、大图、组图、视频等多种广告样式。

消费者即平台普通信息内容和广告信息的阅读者。普通消费者也可以作为内容生产者,以UGC的形式为平台提供内容信息,因此消费者与内容生产者有一定的重叠,但重叠度并不高。我们将消费者和内容生产者从职能上分开研究。

第二,平台各侧用户之间存在交叉网络外部性。消费者下载今日头条App,主要目的是阅读各类新闻资讯。平台上的内容生产者越多,生产的信息内容越丰富、质量越高,每个普通消费者能从平台上获取的效用就越大。好的广告,如果切合消费者当前需求,也能带来一定的效用。反过来看,平台消费者数量意味着流量。流量越大,每个内容生产者、广告商从平台上获取的预期收益也越高。

第三,平台对各侧用户有定价能力,并依据交叉外部性制定价格结构。普通消费者是平台的主要流量来源,其下载App,阅读信息和广告都是免费的。平台对UGC内容生产者甚至有创作补贴,对PGC往往还需要支付版权费。因此这两侧都是平台的成本侧。2020年9月,抖音公布了创作者扶持成绩单,宣布过去一年有超过2200万人在抖音合计收入超过417亿元。[①]

今日头条的收入主要来自于广告,而且广告端价格机制与搜索引擎相

---

① 资料来源:《2020:北京字节跳动这一年》,北京字节跳动公司内部手册。

似，采用了竞价广告模式。具体来说，计价方式有不同情况。

（1）CPM（Cost Per Mille）：千人展示成本，即广告被展示1000次所需要的费用。

（2）CPC（Cost Per Click）：单次点击成本，即广告被点击一次所需要的费用。

（3）CPA（Cost Per Action）：按转化付费，如电话咨询，即一个客户咨询电话所需费用；表单提交，即用户提交一次个人信息所需费用；单次下载成本，即App被下载一次所需要的费用。

在每种计价方式下，广告商具体支付的价格都按竞价模式决定，具体公式如下。

（1）CPM计价=下一位的出价。

（2）CPC计价=下一位的出价×下一位的质量度/自己的质量度。

（3）CPA计价=下一位eCPM/（自己的点击率×自己的转化率）[①]

其中eCPM（Effective Cost Per Mille）指质量度出价，即eCPM=出价×质量度（点击率）。

CPM一般用于开屏广告，这种计价方式相对简单，即经济学上的Vickrey拍卖（二级密封价格拍卖）。例如开屏广告按CPM计价，即出价最高的企业获得开屏广告展示机会，但该企业需支付的广告费用并不是自己的出价，而是出价排名第二的企业的出价。经济学研究表明，在这种拍卖模式下，每个投标者都会报出自己对广告位价值的真实评价。

CPC和CPA一般用于信息流广告，其排序和价格决定方式在经济学上称为"广义二级价格拍卖"，首先由Google公司采用，后被包括字节跳动在内的许多互联网大公司使用。信息流广告竞价的复杂性可以从两个方面来理解。一是信息流广告位置可能有多个，因此是将M个潜在企业广告匹配到N个广告位上（通常N<M），越靠前的广告位价值越大，能获得的点击率一般也越高。这和开屏广告只有一个广告位不同。二是排序和实际支付价格不仅取决于出价，也收到广告质量的影响。以CPC为例，按"出价×质量度"即eCPM排序。影响质量度最主要的是点击率（CTR），其他包括素材创意相关性、落地页和素材的关联性、广告账户的历史表现等。[②]

综上所述，本节尤其是图3-3从多边市场的平台商业模式角度展现

---

① 实际计价时还要加0.01元。

② 具体公式字节跳动并未公布。

了今日头条与谷歌、百度等搜索引擎公司在结构上的相似之处,与门户网站、传统纸媒的区别也只是将广告价格机制从协议收费变成了竞价模式。那么今日头条的创新体现在哪里呢?区别在于信息排序方式。以竞价广告为例,难点在于即使在最简单的情况下——将质量度简化为点击率,实际使用的也是预估的点击率。那么如何预计点击率?人工智能算法与竞价广告的结合即在此处。

二 算法驱动的商业模式创新

信息流推荐产品(抖音、今日头条、快手等)的技术核心是其推荐引擎。

信息推荐系统是一个典型的监督学习问题,传统的协同过滤模型,Logistic Regression 模型,深度学习模型(DNN),Factorization Machine,GBDT 等都可以实现。2018 年,今日头条公布了其推荐算法原理(曹欢欢,2018)。据其公开的信息,从 2012 年 9 月第 1 版开发运行至公布时,今日头条算法已经过四次大的调整和修改。但是,今日头条没有披露其具体使用的模型框架,只是表示旗下几款产品都在沿用同一套算法推荐系统,而根据业务场景不同,模型架构会有所调整。模型的训练,头条系大部分推荐产品采用实时训练,用户行为信息可以被模型快速捕捉并反馈至下一刷的推荐效果。

信息推荐系统实际上是拟合用户对内容满意度的函数:

$$y = F(x_i, x_u, x_c)$$

输入部分包括三个维度的变量。一是内容(x_i),如文本(图像、视频)的标签、主题、分类、关键词、实体词等;二是用户特征(x_u),如用户的性别、年龄、常住地、用户浏览历史等;三是环境特征(x_c),即用户使用 App 时所处的场景,如工作、通勤、旅游等不同场合。据介绍,头条的算法推荐模型包括数百亿的原始特征和数十亿的向量特征。推荐模型的输出目标(y)部分,点击率、阅读时间、点赞、评论、转发等都是可以量化的目标,不过在量化目标之外,还会有一些干预,如加入广告、打压低俗内容、置顶重要新闻等。例如 Youtube 推荐系统的主要优化目标是预期的观看时间,Youtube 认为以点击率为优化目标会导致一些欺骗性视频出现(如标题党)。

用户如何刷到某条新闻资讯或广告?举个例子,一位今日头条普通男性用户，年龄 30—40 岁，常住地是北京，平时喜欢阅读关于科技数码、汽车类的文章。那么头条系统就会给这个用户打上对应的标签：男性、30—40 岁、北京、科技数码、汽车等。当他在使用头条 App 的时候，向下滑动刷新内容，系统就会做出如图 3-4 所示的反馈。

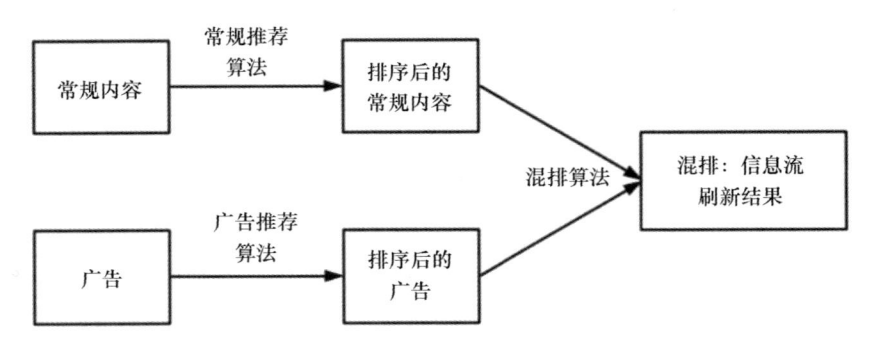

图 3-4 信息流排序结构

信息排序和反馈的具体流程：

（1）用户刷新内容反馈到常规内容仓库和广告仓库；

（2）分别同时进行常规内容和广告的筛选、排序；

A. 常规内容仓库根据用户身上的标签（平时浏览习惯），匹配对应的常规内容；再通过过滤、频控、流控，对匹配出的常规内容进行粗排和精排。[1]

B. 广告仓库根据用户身上的标签（平时浏览习惯），匹配对应的定向广告（从广告商的角度，即用户标签符合广告商的定向范围）；再通过过滤、频控、流控，对匹配出的广告通过 eCPM 值进行排序（粗排）；对 eCPM 值再次排序（精排），选出 eCPM 排名靠前的若干广告。

（3）将 eCPM 排名靠前的广告和文章内容进行混排（把广告当作普通文章参与算法推荐排名），最终呈现到用户手机端上。[2]

相对于搜索引擎如谷歌，今日头条广告竞价系统的差异体现在以下几个方面。

---

[1] YouTube 推荐系统：由两个神经网络组成，其中一个用于生产候选视频（Candidate Generation），一个用于排序（Ranking）。简单来说，就是粗排和精排。

[2] 今日头条没有公布其混排算法，不过大致框架可参考 Linkedin 公布的混排算法（Yan et al.，2020）。

第一，广告与常规内容是混排的，并不一定出现在每次刷新的顶部；位置效应没有搜索引擎广告那么明显。一次刷屏之后，不同行业的广告可能都会出现。目前今日头条每14条内容最多4条广告，抖音每10个位置内一条广告。

第二，可以根据更加细分的用户标签，进行个性化智能广告推荐。不支持搜索特定的广告，这也就排除了恶意点击的问题。据字节跳动在线营销平台——巨量引擎——的介绍，广告定向分为基础定向和精准定向。基础定向：年龄、性别、平台（iOS/安卓）、地域、兴趣分类。兴趣分类包括体育运动、生活服务、医疗健康、法律服务、文化娱乐、商务服务、游戏、家装百货、金融理财、教育培训、旅游出行、服饰箱包、汽车、美容化妆、房产、餐饮美食、母婴儿童、科技数码等。精准定向可以定向到更精准的人群，可使用巨量引擎的云图DMP平台进行精准定位。投放定向广告产品会加收一定比例的广告费用，巨量大学公布的定向溢价规则如下：CPM单价溢价比例，核心城市（北京、上海、广州、深圳）溢价30%，重点城市溢价10%；iOS平台溢价30%，时间段溢价10%；性别、年龄、兴趣分类、网络环境（是否WIFI）、内容关键词等无溢价。

第三，可以基于机器学习的方法，对点击率（CTR）的预估更加准确。预估广告计划的CTR，主要基于两方面的因素，一是账户历史表现（消耗的广告预算、广告计划的历史整体表现等），二是同行业的广告投放数据。具体流程：根据素材规格、行业属性、文案内容、图片内容、受众用户特征等，将新广告与历史广告的展示、点击情况做匹配，输出一个预估的CTR值，同时在后续投放中根据广告的实际表现对预估的CTR做调整。

第四，效果广告VS.品牌广告。百度、谷歌本质上是去中心化的媒体形式，尽管能够覆盖更多的人群，但没有一个好的渠道可以展示品牌广告，它是流量入口，但不是流量中心。今日头条的信息流广告可以给其广告客户在目标用户人群上最大幅度的曝光，这部分在搜索上是很难实现的。

第五节 算法驱动平台创新的四种拓展模式

一 内部平台与产品系列创新

上节分析了算法驱动平台创新的基本模式。然而，信息流推荐平台企业往往包括一系列产品。例如，字节跳动旗下拥有一系列产品，包括今日头条、抖音、西瓜视频、飞书、火山引擎、大力教育等。产品系列的形成即持续不断的产品创新和定位创新过程。具体来说，包括两种类型。

第一种类型是同一产品的服务模式拓展和定位创新。以今日头条为例，除了最主流的推荐频道和图文体裁外，其产品经历了不断丰富的过程。今日头条 CEO 曾公开表示："今日头条在产品上的尝试，其实有非常清晰的逻辑，那就是'一横一竖'，'一横'是尽可能丰富的内容体裁，'一竖'是尽可能多的分发方式。"① 一方面不断引入内容分发方式，在推荐引擎之外，还包括内容运营、关注订阅和搜索引擎；另一方面不断拓宽内容体裁，在图文体裁之外，还包括视频、问答、微头条、专栏、小说、直播和音频。再如抖音，原先只是一个兴趣分享平台。抖音直播电商、兴趣电商的兴起则属于重新定位。定位创新的另一种典型形式是增加多边市场的"边"。2020 年 6 月，字节跳动企业技术服务平台"火山引擎"官网上线。火山引擎是字节跳动旗下的数字服务与智能科技品牌，基于公司服务数亿用户的大数据、人工智能和基础服务等技术能力，为企业提供系统化的全链路解决方案，助力企业务实地创新，给企业带来持续、快速增长。为帮助不同行业的客户实现从用户到业务的持续增长，火山引擎面向泛互联网、汽车、金融、新零售及文创等不同行业领域打造了系列一体化解决方案。未来，火山引擎会继续将小到初创团体，大到独角兽企业的增长经验和方法论进行提炼，内化到旗下产品之中，为企业客户开放更丰富的技术产品与服务能力。

第二种类型是产品系列拓展。即从最初只有一款今日头条，到后来抖音、西瓜视频、飞书、懂车帝、GoGoKid、皮皮虾等十余款不同类型的产品（App）。详见附表。

字节跳动的内部平台创新模式呈现出两条规律。

第一，内部平台创新的相同模式：基于智能化推荐核心技术，只是应用到不同场景，体现了人工智能技术作为通用技术（GPT）和"发明方法的发明"（IMI）的特征。

今日头条以文字、新闻资讯为主，抖音、西瓜则是视频，懂车帝等则属于垂直类汽车资讯平台。在创新方法上，也体现了 AI 技术作为"发明方法的发明"的特点。通用技术平台：虽然从普通消费者角度看，抖音、

---

① 资料来源：《今日头条新 CEO 朱文佳：今日头条的边界是"一横一竖"》，《新京报》2019 年 11 月 15 日。

今日头条、西瓜视频等有不同的 App，但从广告商一侧来看，字节跳动旗下产品有共同的数字化营销服务平台——巨量引擎。巨量引擎的营销产品类型分为两类。第一类是各 App 内的营销产品。最常见的三种广告形式是开屏广告、信息流广告和详情页广告。结合各个 App 自身特点，还有一些特殊广告形式（表 3-2）。第二类是一般性的营销产品，包括图虫和穿山甲等。

表 3-2　　　　字节跳动旗下各 App 支持的广告类型

App	开屏广告	信息流广告	详情页广告（视频后贴片）	其他特殊形式
今日头条	√	√	√	
抖音	√	√		挑战赛话题、企业认证、DOU+
西瓜视频	√		√	
懂车帝	√			
FaceU 激萌	√			贴纸定制、H5 定制
轻颜相机	√			风格定制
住小帮	√	√		装修服务推荐
幸福里	√			新房效果转化服务

资料来源：https://www.oceanengine.com/resource/toutiao，作者根据巨量引擎官网信息整理制图。

第二，内部平台创新策略：从定位创新到产品创新，即首先在同一母产品内部做服务模式拓展和定位创新，条件成熟时再将这些创新性模式打造为独立产品。字节跳动系列产品中，今日头条就是这样的母产品，起到了孵化器的作用，抖音等短视频大多为头条视频升级而来，幸福里 App 由头条房产频道升级，番茄小说由头条小说频道升级，悟空问答由头条问答升级而来。这种模式有两个好处。

一是基于母产品的开放平台特征，可以进行大规模的、持续的在线试验，利用人工智能算法发现、筛选合适的创新方向和创新产品。首先是可以基于母产品平台，发现新的需求模式，例如 2019 年，今日头条时任 CEO 曾表示："2016 年，大力投入短视频，是因为我们发现短视频的消费占比正在快速提高，已经成为移动时代信息分发最重要的内容体裁。"[1] 其次，可以通过 A/B Test 等方式，实现产品设计优化。相比之下，传统制造业的内部平台创新模式中，内部平台起的作用主要还是形成基础产品模块，节省固定成本；创新主要是在内部实验室中完成的。虽然也可以开展一些市场调研和产品试用，但限于成本，不可能进行大规模、持续的在线实验。

二是首先在母产品平台上面向客户，有助于"导流"，在产品独立升级后快速突破"临界容量"。如前文所述，互联网平台作为多边市场，其各侧用户之间具有交叉外部性，这样就会导致正反馈效应：平台上的内容生产者越多，生产的信息内容越丰富、质量越高，每个普通消费者能从平台上获取的效用就越大，消费者群体随之不断扩大；而普通消费者越多，每个内容生产者、广告商从平台上获取的收益预期也越高，进一步刺激了内容生产者的聚集。或者反过来：平台上的内容生产者越少，信息内容越单薄，质量越差，每个消费者能从平台上获取的效用就越少，消费者群体就会萎缩；而消费者群体萎缩又会进一步使得每个内容生产者、广告商从平台上获取的收益预期降低，内容生产者、广告商就会进一步减少。正反馈效应使得平台存在一个临界容量（Critical Mass），只有消费者基数和内容生产者基数高于该规模，才能走向正向循环；否则，将陷入负向循环。对于字节跳动产品系列来说，一旦今日头条获得了足够的容量，则首先在今日头条内部做服务模式拓展和定位创新，条件成熟时再将这些创新性模式打造为独立产品；这样一个创新模式显然是为其他系列产品突破临界容量的有效策略。[2]

二　平台创新生态系统

如前所述，今日头条、抖音平台在算法推荐上的创新促进了供需之间的匹配。然而，平台算法本身只能在既定的内容、广告和普通消费者之间优化匹配关系。如果图文视频本身内容质量低，可选的广告也总是平平无奇乃至让人反感的，则匹配算法再好，改进也是有限的。更优质的图文视频内容、更优质的广告则能与既有算法互补，实现更高的效率。

与电商平台上以销售标准化的普通物品为主不同，在今日头条、抖音

---

[1] 资料来源：《今日头条新 CEO 朱文佳：今日头条的边界是"一横一竖"》，《新京报》2019 年 11 月 15 日。

[2] 然而，平台最初是如何突破临界容量的呢？我们将在本节第三部分详细阐述字节跳动第一个产品——今日头条——突破临界容量的策略。

这样的平台上，内容生产者提供的是文章、视频、直播这样的非标准化产品，每一篇新产品都与以往有所不同，都可以视作创新，虽然程度有大小。因此可以说内容产品的创新是每时每刻都在发生的。但是内容创新并非易事。文字本身就有较高的门槛，传统上能够驾驭文字的都只是少数人，因此传统媒体依赖专业作家、记者来"生产"文字。视频看起来比文字创作门槛上更低些，但是需要较高的技术门槛，以视频的最高形式电影为例，一部电影的成功制作，需要编剧、导演、演员、摄影、音效、后期剪辑等不同类型技术人员通力合作——这对普通人来说几乎是不可能完成的任务。广告的制作类似，好的广告需要贴合所推荐商品的特性，在此基础上以图文、视频等形式加工，几乎每支广告都是一次产品创新。

平台主导的创新生态系统中，字节跳动的主导作用体现在两个方面。一是作为通用技术（GPT），降低了内容生产者和广告商创新的成本；二是将智能推荐的逻辑贯彻到整个生态系统中，部分开放平台算法，促进内容生产者和广告商以算法驱动的逻辑创新（IMI）。概括起来看，通过产业平台，不仅使得字节跳动本身，而且使得整个生态系统都具有了算法驱动的性质。即字节跳动不仅是用算法驱动内容生产者、广告商、消费者之间的匹配，而且将算法驱动深入到内容生产过程、广告制作过程。

（一）推动内容创作行业的突破性创新——以抖音为例

抖音平台极大降低了视频制作门槛，使得普通人都可以随时随地制作并发布短视频。不同背景、不同状态的创作者跨越了职业、年龄、地域的限制，来到抖音分享最真实的的生活和灵感。全民表达、全民创作的趋势开始涌现。

第一，作为通用技术平台（GPT），减少内容创新过程的成本。例如，15秒即可作为短视频发布；创作工具——剪映，是视频剪辑工具＋创作交流平台；平台上的创作者学院则进行创作课程培训。

第二，部分开放平台算法，促进内容生产者以算法驱动的逻辑来创新（IMI）。例如抖音账户中的创作管理平台，提供热门榜单、授权管理、内容发布与管理、数据管理、互动管理等。① 主要功能包括：（1）观看分析：观看数据分析，帮助分析视频观众流失情况；（2）新增视频播放量：每天视频播放量趋势，了解账号流量变化。基于管理平台，内容生产者可以不断优化内容发布，提高创作效率。

第三，协助实现创新收益。提供变现工具，如巨量星图上线扶持中腰

---

① 开通条件：粉丝数大于1000人，且最近一周内投稿天数不小于3天。

部达人的繁星计划、扩充直播商单、报名任务等变现场景；协助影响力扩散，如提供广告与市场资源；促进版权保护，面向优质原创作者简历版权保护及维权追溯联盟——原创者联盟，对联盟作者提供免费全网检测及维权服务。

第四，举办一系列活动，提升抖音平台上的创作氛围，例如抖音Top话题挑战赛、看见音乐计划、抖音美好奇妙夜、海嘎少年的夏天等。

（二）推动广告业的突破性创新——以巨量引擎为例

巨量引擎提供的营销工具包括三类：广告创意制作工具、投放辅助工具和广告效果优化工具。从性质上看，这些营销工具的作用有下列三个方面。

第一，作为通用技术平台（GPT），减少内容创新过程的成本。巨量引擎本身是广告投放平台，再例如巨量创意（授权BGM及各行业优秀视频案例）、创作学院（官方推出的创意知识学习、技能提升内容阵地）、智能建站（免费落地页制作工具，只需通过模板或简单的拖拽即可快速制作推广页面）等。

平台上的广告效果优化工具则包括"投放诊断"：数据层面定位在投广告问题，提出优化建议。"投放实验室"：系统自动优化投放，一键托管账户，完成广告推广。"飞鱼CRM"：更高效的客户管理系统，连接广告投放与线索，提升企业营销ROI。"数据洞察"：多维度展示投放效果，反哺客户账户优化，提升转化效果。此外，字节跳动自身也提供广告服务，即一站式广告制作、持续监测传播效果，以数据优化企业营销效率。商务管理平台：一站式管理商业活动的综合经营平台，管理账户资产、营销和协作关系等多项能力。

第二，部分开放平台算法，促进内容生产者以算法驱动的逻辑创新（IMI）。例如云图数字化平台、开放平台等。其中云图数字化平台是数据管理平台，帮助客户定向投放目标人群，快速提升广告效果。开放平台向众多行业提供的一套接口服务，多方位满足自动化、智能化以及个性化的营销需求。

智能投放案例：数透数据隶属于北京集智蓝灵科技有限公司，是一家专注于企业营销数据价值挖掘，帮助广告主、代理商实现营销数据资产变现的公司。数透数据对接巨量引擎Marketing API结合自主研发的机器学习算法，推出可模拟真人投放效果的智能投放引擎。数透平台中聚合了多种运营效率提升工具，从素材制作流程、运营投放效率，到效果预警、透视报表，提供全流程数据展现。在提升人效的基础上，最大限度增强广告投放效果。数透数据服务于多家广告主或代理商。依托智能投放引擎协助多家广告主实现了企业数据资产价值变现。广告主和代理商的平均消耗提升 20%，转化成本下降 5%。通过巨量引擎 Marketing API 提供多种实用型效率工具如：批量助手，账户资源分发，素材生产流程管理等，大大提升工作效率，平均工作产能提升 50% 以上（数透数据提供）。

第三，搭建广告市场平台，协助实现创新收益。例如即合平台是巨量引擎旗下的视频广告撮合服务平台，提供全网优质 PGC 资源，已入驻数千位视频创作者，服务过 70 多个行业、2 万个广告主，促成 3 万单生意。巨量星图：抖音商业内容智能交易 & 管理平台，为广告主的品牌推广匹配合适且优质的达人。可发挥数据优势，基于达人内容特征和粉丝画像，提高达人匹配效率；立足内容营销行业深度洞察，提供从投前到投后的全链路智能化数据支持。累计入驻达人 82 万人+，覆盖抖音、西瓜视频、今日头条等多端达人；入驻客户数 118 万人+，超过 226 种/个行业客户在巨量星图找到合适的达人。官方合作 MCN 900+，专注提供全方位内容创意及达人培养。累积合作客户数 23000 人+。音乐商店：提供音乐版权资源，为广告搭配合适的音乐。

综上所述，以字节跳动为代表的算法驱动的创新生态系统与一般意义产业平台相比，有一些值得关注的特征。一是打通了内部平台与外部平台：巨量引擎这样的平台，既是内部平台，作为今日头条、抖音、西瓜视频等不同产品系列的通用营销平台；又是外部平台（产业平台），促进了来自第三方的互补性创新。二是作为产业平台，其系统界面创新显著具有人工智能创新的两个特点，即作为通用技术平台，减少内容创新过程的成本（GPT）；和部分开放平台算法，促进内容生产者和广告商以算法驱动的逻辑创新（IMI）。

三　平台竞争与差异化创新

上一小节分析了平台企业与互补企业即平台内经营者形成的创新生态系统。本小节则关注一个平行问题：平台企业与其竞争企业会形成什么样的竞争格局呢？多家算法驱动的平台企业之间的竞争对创新会有什么影响呢？我们发现，算法驱动的平台竞争逻辑包括两个层面。一是临界容量导致寡头结构：在具有网络外部性的行业，任何新创企业都必须突破临界容量才能生存下来，这意味着行业结构往往是寡头式的，少数几家大企业竞争。二是在寡头市场结构下，企业间的竞争会导致产品差异化，差异化体现在算法的偏向性上，例如，相对彻底的算法主导，还是算法+社交推荐。

(一) 突破临界容量

前文中我们介绍过临界容量的概念,即当存在网络外部性时,企业的用户规模只有突破一个最低水平(临界容量)才能进入正向循环。对于多边市场平台而言,交叉网络外部性的存在使得其临界容量具有二维的性质(Evans and Schmalensee, 2010)。以今日头条这样的多边平台为例,即使不考虑广告侧,其内容生产与消费侧也是相互依赖的。消费者愿意下载今日头条 App,既是因为预期通过头条可以看到很多有趣或有价值的信息;而内容作者愿意上传创作内容到今日头条,恰恰又是因为预期到会有很多消费者使用今日头条进而可能阅读到自己的作品,建立声誉。这样,今日头条要稳定运转下去,就必须达到一个最小的消费者规模和创作者规模。超过这个规模,则消费者和创作者的正反馈相互激励,平台规模越做越大;小于这个规模,则可能陷入恶性循环,消费者和创作者规模不断萎缩,乃至平台消失。对于算法平台,临界容量还多了一层特殊的含义。机器学习算法是高度依赖于数据的,初始需要足够量的数据才能完成算法训练。

一家创新性的平台如何获得初始必需的数据,并突破临界容量?基于今日头条案例,我们可以总结几条经验。

第一,从受众广泛的小应用开始试水,逐步为核心应用程序导流。

在"今日头条"正式推向市场之前,张一鸣先用简单的图片、文字试水基于机器学习的信息分发,推出了内涵段子、搞笑囧图等多款应用作为先导:"名校计算机专业出身的张一鸣并不缺乏技术能力,此前的创业经验也让他理解了该如何做一款体验良好的手机应用。但是,把'个性化推荐'这样的细分功能做成一款完善的产品,在国内尚无成功先例。他决定'曲线救国',先做两款比较讨巧、受众广泛的应用,然后为今日头条导入用户。这两款应用名为'搞笑囧图'和'内涵段子',卖点一目了然。它们在苹果 App Store 应用商店大获成功,长期位居排行榜前 20 位,积累了数十万日活跃用户。紧接着,今日头条诞生了。看起来,它已具备日后成功的一切条件。张一鸣的团队随后开发了一个'交叉兑换系统',引导用户向今日头条迁移。在整个 2012 年,今日头条只花费了 100 万元的推广费用,却在年底实现了一百多万的日活跃用户量,单个激活用户获取成本不足一毛钱,两款试水应用功不可没。"①

---

① CSDN 程序人生:《代码传奇:张一鸣的成长之路》,https://blog.csdn.net/csdnsevenn/article/details/79124736。

第二，先 PGC，后 UGC。开始的时候，头条内容来自于其他门户新闻的汇总。今日头条通过爬虫抓取门户新闻。头条对门户加推荐引擎的模式，用户点击新闻标题后，会跳转到新闻门户的原网页。但是出于用户体验的考虑，也为了方便移动设备用户的阅读，今日头条会对被访问的其他网站网页进行技术的再处理，去除原网页上的广告，只显示内容。当然这涉及版权问题。

第三，在最初几年，首次使用今日头条的时候需要绑定新浪微博账户，之后系统就会自动给用户推荐新闻。"今日头条的创始人张一鸣向 36 氪透露，今日头条会在用户绑定微博后的 5 秒钟之内为用户建立起一个 DNA 兴趣图谱。"[①] 2014 年 6 月今日头条所属公司北京字节跳动科技 CEO 张一鸣对外确认，该公司已完成 C 轮 1 亿美元融资。此次融资由红杉资本领投，新浪微博跟投。当时新浪董事长曹国伟明言："之所以投资今日头条，是因为微博与其能够产生协同效应，目前今日头条是微博上分享量最大的资讯应用。"[②] 微博尝试通过今日头条用户的绑定行为为用户建立起一个 DNA 兴趣图谱，从而不断智能推荐给用户他们喜欢的内容。

综上我们可以发现，今日头条的崛起是中国互联网发展到一定阶段的产物。当然，对于字节跳动系列的其他产品而言，突破临界容量相对而言要容易得多。抖音、西瓜视频等可以首先在今日头条平台上作为一个子系列孵化，待发展到一定阶段才开发独立 App。饶是如此，仍有许多 App 最终未能突破临界容量而渐趋萎缩，典型的如悟空问答。

（二）寡头竞争下的差异化创新

"临界容量"作为无形的进入壁垒，使得最终存活下来的平台数量有限，即市场结构趋于寡头格局。而在寡头市场结构下，产业组织经济学中一个经典结论是价格竞争会迫使企业采取产品差异化策略，其背后的原理是差异化可以减弱价格竞争的程度（Tirole，1988）。具体到信息流智能推荐行业，差异化原则使得平台在推荐算法选择上会出现策略性差异。

以短视频领域为例，抖音与快手的竞争就呈现出一定程度的差异化原则。快手起源于 2011 年推出的移动应用程序 GIF 快手，是一个供用户制作并分享 GIF 动图的工具软件；2013 年推出短视频社交平台，2016 年推出直播功能，2018 年后进一步推出电商解决方案。

---

① 资料来源：镜宇 cupl：《"今日头条"：基于社交数据挖掘的个性化阅读体验》，36 氪 https://www.36kr.com/p/1641689219073。

② 资料来源：《今日头条完成 1 亿美元融资》，一财网 https://www.yicai.com/news/3885103.html。

目前，中国短视频行业呈现为抖音与快手的"双寡头竞争"格局，差异化体现在两个方面。

第一，与抖音彻底依赖算法相比，快手更强调"算法＋社区"的概念。抖音的口号是"记录美好生活"，快手则是"拥抱每一种生活"，相比之下，快手更强调多元化，而不仅仅是头部流量。快手的上市文件明确提到："我们一直为用户提供符合其兴趣的多元化内容，将平台流量分配给更多的内容创作者，而其他平台则更专注推荐 KOL 或其他热门内容创作者创作的内容，这使我们从其他平台中脱颖而出，开发出一个活跃的原创内容社区。"因此，业界一直有一种说法，即抖音主要吸引一、二线城市的用户，而快手则对三、四线城市和农村用户更有吸引力。

第二，在商业模式方面，快手公司在发展初期更依赖直播收入。据快手的上市文件，其收入大部分来自直播业务，直播业务涉及向观众销售虚拟物品，观众购买虚拟物品后可于直播期间将其作为礼物赠送给主播。2017—2019 年快手直播收入占总收入比重均在八成以上；2021 年之后，线上营销收入超过直播收入，不过直播收入仍占 1/3 以上比重（见表3-3）。抖音没有对外公布其收入构成，不过根据我们与字节跳动公司人员的直接交流，其收入绝大部分来自线上营销。

表 3-3　　　　　快手科技公司的收入来源构成　　　　（单位:%）

年份	直播收入占比	线上营销收入占比
2017	95.3	4.7
2018	91.7	8.2
2019	80.4	19.0
2020	56.5	37.2
2021	38.2	52.6
2022	37.6	52.1

注：快手总收入来源还包括其他收入（电商、网络游戏及其他增长服务）。
资料来源：2017—2019 年数据来自快手科技上市文件，2020 年、2021 年数据来自快手科技年报，2022 年数据来自《快手科技发布2022 年第四季度及全年业绩》，快手科技公司官网，https://ir.kuaishou.com/zh-hans/。

四　内部组织与流程创新

什么样的内部组织结构支撑了算法驱动的平台创新？组织经济学中讨

论的组织结构主要类型包括 U 型、M 型和 H 型。U 型组织结构是一种高度集权的、按职能划分部门的组织结构。而在 M 型组织结构（Multidivisional structure）之下，半自动的运营部门（利润中心）按产品、品牌或地理区域组织起来，各自的运营事务分离管理。当然，在 M 型组织结构中仍会有总部办公室（General Office），由一批有权力的经理人，财务和顾问人员组成，来监督各部门的绩效，在各部门间分配资源。H 型组织结构即控股公司的形式，与 M 型结构同样为分权化的组织形式。

算法驱动下的流程创新与 U 型组织回归。

如图 3-5 所示，任何一家大型企业，包括字节跳动，其内部组织结构都可以描述为矩阵式的，即"一横一纵"。

"横"的方面，可以按产品划分为一个个产品部门，如今日头条、抖音、抖音海外版、西瓜视频、懂车帝，等等。（"块块"）

"纵"的方面，可以按职能划分为不同部门，如负责技术的，负责用户增长的，负责广告业务的，等等。（"条条"）

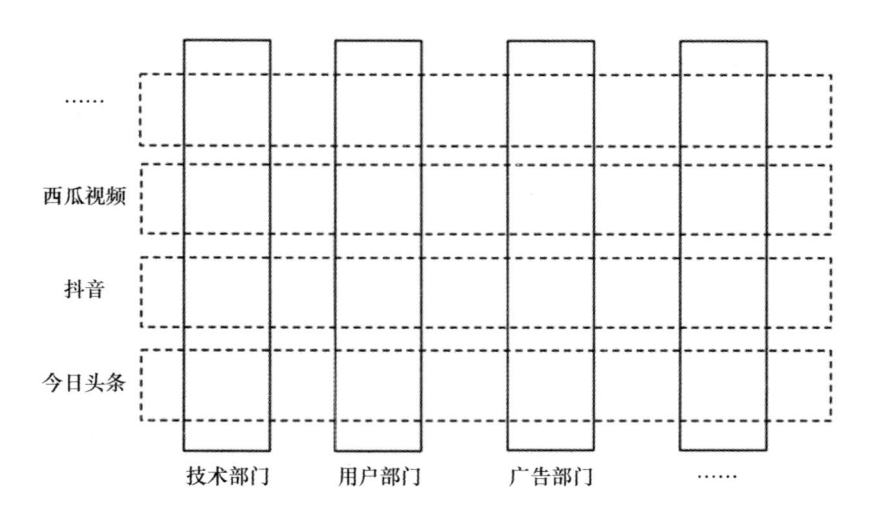

图 3-5 字节跳动组织结构

矩阵式组织结构的复杂之处在于，"横"的方面和"纵"的方面是交叉在一起的，形成纵横交错的格局。比如"横"的方面任何一个产品（今日头条或抖音）都涉及"纵"的方面的全部职能（技术部门、用户部门、广告部门）。良好的组织需要处理好"纵"与"横"的关系，也就是"条条"和"块块"的关系。从矩阵的角度来看，U 型组织结构即是以

"纵"的方面（"条条"，职能）为主导的组织结构；M 型组织结构则是以"横"的方面（"块块"，产品）为主导的组织结构。

字节跳动公司没有公开其组织结构，但基于媒体信息和我们与字节跳动人员的接触不难确认其内部组织结构具有 U 型组织结构的特征。与通过推荐算法分发内容的产品特点相适应，字节跳动设置有技术、用户增长和商业化三个部门。前台则是轻型 App 工厂式的，单个产品的人员配置往往为几人至十几人。

（一）字节跳动为什么采取 U 型组织结构？

字节跳动采取 U 型组织结构的原因如下。

第一，对于算法驱动的平台而言，不同产品背后的逻辑都是相同的，即多边平台模式＋算法推荐，其不同职能（多边平台不同"边"）之间的互补比不同产品之间的标杆竞争更重要。而有效的多部门化（M 型组织）要求总部能够确认企业内可分离的经济活动，使各部门准自行运转（成为利润中心）。一是从突破临界容量的角度看，算法驱动的平台其临界容量具有多维性质。二是字节跳动的在线营销平台——巨量引擎，可以作为不同产品的通用平台。

第二，字节跳动可以采取 U 型组织结构的另一个原因，是由于管理流程的数字化、自动化，已经降低了日常运营管理的负担，从而减弱了传统上 U 型组织的缺陷。字节跳动管理流程数字化的主要工具是"飞书"。飞书是一站式企业沟通与协作平台，整合视频会议、聊天、日历、云文档、邮箱、工作台等功能于一体。

（二）M 型组织与算法驱动平台的不兼容性

腾讯并不是没有认识到算法推荐新闻的可能性。例如，根据虎嗅报道，我们可以梳理几个基本事实。第一，最迟在 2013 年年底，腾讯内部对标今日头条的产品即已出现，但对内并没有引起重视，对外并没有得到用户的认可。从 1.0 到 1.3 更新三版后，便无动静。第二，从 2015 年开始，腾讯高层重视，先后推出天天快报、QQ 看点、微视等注重算法推荐的产品。[①]但总体上看，腾讯并没有成功推出今日头条、抖音这样的算法驱动的现象级产品。与此同时，腾讯控股是中国第一大市值的上市公司，其推出的微信是月活 10 亿以上的中国第一大应用。这两者的反差是值得关注的。我们提出的一个解释是组织结构影响了创新的方向，腾讯的组织结构与社交产品高度契合，因此能在这一方向上实现从 QQ 到微信的持续

---

① 资料来源：吴倩男：《轻视今日头条，腾讯如何养虎为患?》，虎嗅 App，2018 – 07。

创新；但其组织结构不适合算法驱动的平台创新。

腾讯的组织结构是 M 型的，不同的事业部/事业群代表了不同的产品，具有相当大的独立性。腾讯为什么采取 M 型组织结构？虽然腾讯也可以视为多边平台，但作为社交平台，其同一侧内部的直接网络外部性比交叉网络外部性更重要。这意味着对于腾讯而言，其临界容量具有一维的性质。因此可以采取 M 型组织结构，实行"赛马制"，促进内部不同产品之间的竞争。例如微信平台，我们可以将其理解为双边市场，一侧是普通用户，另一侧是广告商，以及接入微信支付平台的各种生活服务、交通出行、购物消费商家等。各种生活服务的支付便利当然会给普通用户带来交叉的正外部性，然而普通用户下载、注册、使用微信的主要原因并不是这种交叉网络外部性，而是社交需要——与同一侧的其他普通用户实现即时沟通。这种网络外部性称为直接的网络外部性。

在 M 型组织结构下，腾讯内部"赛马制"充满活力，使其在 QQ 已经成为国民现象级产品之后又成功推出了微信——又一个国民现象级产品。然而，在算法推荐产品方面，腾讯自身并没有能够推出可与今日头条、抖音比肩的产品。如前所述，算法驱动的平台要克服的临界容量具有二维性质，这意味着 U 型组织结构，即不同职能部门的协作比产品部门之间的竞争更重要。

（三）H 型组织与算法驱动平台的兼容性

上一小节带来的一个问题是：如果 M 型组织不能适应算法驱动的平台创新，那么腾讯作为一个足够大的公司，能否在 M 型结构之下，将其一个产品事业部作为独立支点，在其事业部内部再实行 U 型组织结构？如果在同一个公司内部，这样的架构将极其臃肿，缺乏效率。但是这样的思路可以用另一种组织结构模式来实现，即 H 型结构，控股公司模式。在不改变腾讯本身 M 型架构的前提下，腾讯可以投资一家子公司，而子公司本身仍然可以是接近 U 型结构的。腾讯对另一家短视频平台——快手——的投资即具有这样的性质。

第六节 平台创新引发的公共政策问题

算法驱动的平台创新也引发了一系列公共政策问题，值得关注。限于篇幅，本节仅讨论其中最突出的三个方面，一是智能推荐平台是否改善了资源配置，二是数据产权与反垄断争议，三是低俗内容与平台治理。

一 "沉浸"与资源配置效率

今日头条、抖音、快手等依据对消费者偏好的预测来匹配其呈现的内容，可能会使消费者投入大量时间，沉浸其中。相关的话题甚至一度成为问答应用"知乎"上的热帖和热门提问。抖音、快手直播带货大火后，也有质疑是否过多资源投入到直播中？

对于今日头条、抖音、快手相关的资源配置效率问题，基于前文分析我们认为可以从三个层面来看待。

第一，以今日头条、抖音、快手为代表的信息流智能推荐产品提高了资源配置效率。具体从平台创新的角度来说，一是智能推荐促进了市场供需双方的匹配，从而提高了资源配置效率；二是平台创新生态系统助力经济转型。当前，中国经济已从高速增长阶段转向高质量发展阶段，建设现代化经济体系需要推动各行业实现数字化、智能化转型。借助平台创新生态系统，是助推各行各业数字化、智能化转型的有力手段。

第二，"沉浸式体验"有其值得肯定的一面。一是信息流智能推荐提高匹配效率与其引起的"沉浸式体验"是"一体两面"。要提高匹配效率，平台需要对消费者消费习惯有足够的了解，而"沉浸式体验"既是了解消费习惯的基础，也是匹配效率提高的结果。二是随着人民生活水平的提高和"体验经济"时代的来临，"沉浸式体验"自身也有其价值。

第三，当然，不可否认负面影响的存在，主要是未成年人"沉迷"信息流推荐产品问题要引起关注。当前，抖音等应用程序已按照监管要求，专门设置青少年模式，选择自然科普、人文历史、热门动画等内容，排除广告并控制观看时长。这样的监管要求是必要的。

二 反垄断争议、隐私与数据产权

自 2020 年下半年以来，平台经济领域反垄断逐渐成为经济学界、法学界和社会热点话题。平台"二选一"、大数据杀熟、链接封禁等问题引发社会热议。2021 年 2 月 7 日，国务院反垄断委员会制定发布《关于平台经济领域的反垄断指南》（以下简称《指南》），平台经济领域反垄断进入新阶段。对于算法驱动的平台而言，反垄断相关话题已无可回避。仅就字节跳动旗下产品，从公开信息即可搜到不少相关的案子。

（1）抖音 VS. 腾讯。2021 年 2 月 2 日，抖音在北京知识产权法院正式向腾讯提起反垄断诉讼。抖音提出自 2018 年 4 月起，腾讯旗下产品微信、QQ 以"短视频整治"为由，开始了对抖音等产品长达三年的持续封禁和分享限制；这侵犯了抖音的合法权益，也损害了用户利益。腾讯则指抖音通过不正当方式获取微信平台个人用户信息，破坏平台规则。对此，抖音再度回应，微信平台上的个人用户信息不是腾讯的私家财产，获取用户授权后不再需要获得腾讯同意。"微信、QQ，作为月活用户分别超过12亿和6亿的国民级社交通信产品，不仅有完备齐全的用户好友关系，而且已经深入用户生活的各个领域，属于具有'市场支配地位'的基础设施。腾讯通过微信和QQ限制用户分享来自抖音的内容，毫无疑问构成了《反垄断法》所禁止的滥用市场支配地位排除、限制竞争的垄断行为。"①

（2）微博 VS. 今日头条。2017年4月，今日头条完成近十亿美元的D轮融资，新浪将此前C轮投资今日头条的股份转给了其他投资人。2017年8月，新浪微博先后不点名、点名批评今日头条，称其在微博毫不知情、未授权下，直接从微博抓取自媒体账号内容。微博因此暂停了今日头条的第三方接口。今日头条方面则回应：获取这些内容得到了内容创作者本人的授权。②

（3）《广州日报》VS. 今日头条。2014年，《广州日报》旗下的大洋网向北京海淀法院提出诉讼，起诉今日头条侵犯其版权内容。但不久今日头条对外宣布，通过与《广州日报》进行沟通，二者达成共识，签署合作协议，《广州日报》撤销对今日头条的起诉。今日头条方面称，在今后与《广州日报》的合作中，除了提供导流以及收益分成模式外，也会对内容生产者提供购买版权的合作模式，以达到双方合作共赢目的。③

今日头条与腾讯、微博的案子中都涉及"链接封禁"问题。所谓"链接封禁"即互联网平台企业拒绝在其平台上分享可能处于竞争对手位置的另一家平台企业的用户链接。"链接封禁"可能涉及的《指南》条款是"拒绝交易"。拒绝交易指具有市场支配地位的平台经济领域经营者，可能滥用其市场支配地位，无正当理由拒绝与交易相对人进行交易，排除、限制市场竞争。当然，该条款是否适用也有一些争议点：用户分享链接是否属于交易行为？

对于互联网平台而言，链接封禁引发的反垄断话题复杂性在于，常常

---

① 资料来源：抖音：《关于抖音起诉腾讯垄断的声明》。
② 资料来源：《微博和今日头条撕逼背后的4大真相，你悟到了几条？》，搜狐网2017-08-11，https://www.sohu.com/a/163848137_160576。
③ 资料来源：廖丰：《广州日报旗下大洋网撤诉 与"今日头条"签合作协议》，人民网，2014年6月19日。

和隐私权、知识产权争议纠缠在一起。第一，推荐系统的一个重要输入是用户特征，这就不可避免牵涉到用户隐私问题。用户特征提取，如性别信息通过用户第三方社交账号登录得到，年龄信息通常由模型预测，通过机型、阅读时间分布等预估。常驻地点来自用户授权访问位置信息，在位置信息基础上通过传统聚类的方法得到常驻点。常驻点结合其他信息，可以推测用户的工作地点、出差地点、旅游地点。第二，今日头条的内容主要来自于两部分：具有成熟内容生产能力的 PGC 平台，以及 UGC 用户内容，如问答、用户评论、微头条。内容的知识产权如何确定？

基于对平台经济特征的理论分析，从激励创新与规范发展的平衡角度，我们提出两点看法。

第一，"链接封禁"行为应该成为平台反垄断的监管内容。前面我们提到：平台交易各方之间存在交叉网络外部性，容易形成寡头或垄断的市场结构。当平台企业达到完全垄断时，网络外部性效应可以达到最大，这是提高经济效率的方面；但是垄断平台的价格扭曲又可能损害效率。一个折中的解决方案是寡头竞争市场结构，保持了价格竞争带来的效率增加；同时要求平台之间相互连通，以近似达到完全垄断时的网络外部性规模。而链接封禁阻碍了网络效应的发挥，因此应该成为平台反垄断的监管内容。

第二，竞争性平台之间的联通应该形成价格机制。居于市场支配地位的平台对竞争性平台开放网络资源，相当于是让渡了一部分利益。从激励的角度看，收取一定的接入费用是合理的，也是很多带网络性质行业的通行做法，比如电信互联互通过程中收取的网间费用。

基于以上分析，我们建议的监管方向是：平台应该开放端口，允许来自其他平台的链接；但是，其他平台应该为获得开放付费。至于接入价格，可以由交易双方谈；在垄断情形下，甚至可以纳入监管。接入价格机制的形成，是值得进一步研究的问题。

当然，在开放数据连接的过程中，应注意保护用户隐私问题。就此可以设定一些具体机制，而不是仅仅因为保护隐私就放弃了开放的数字经济生态。例如可以让用户本人做选择，在这方面可借鉴欧盟提出的"数据可携带权"。2018 年，欧盟《一般数据保护法案》（GDPR）正式生效，其中有项创新性的规定——"数据可携带权"（Right to Data Portability），允许用户把数据导入到第三方，这将使个人可以在同类或相似服务的不同服务商之间方便地转换。

三 低俗内容与平台治理

当平台将算法推荐逻辑100%贯彻到底的时候，可能产生一些问题，如信息平台的低俗内容问题：内容生产者为扩大流量，可能会迎合部分消费者个人对低俗信息甚至黄赌毒信息的不健康需求。这表明在算法推荐之中，主动的平台干预、平台治理仍是不可缺少的。

2017年，央视曾经曝光今日头条推送低俗内容①；在被北京网信办约谈并且停止更新24小时之后，今日头条进入整改期，开始完善机器算法还没能完全胜任的审核工作。在主管部门的约谈中，低俗内容和缺乏互联网新闻信息服务资质成为头条的两大主要问题。继关停社会频道之后，2018年1月3日今日头条发布了信息招聘内容审核编辑岗位，据悉招聘规模在2000人左右。②

此后，字节跳动加大了低俗内容打压、正能量新闻的引导。

一是正面引导。今日头条信息流前三条信息是经过特别干预的。其中第一条、第二条有红色的"置顶"提示，一般为国家领导人相关资讯；第三条虽无明确的红色"置顶"字样，但也固定转发主流媒体（如人民网、央视新闻等）的正能量新闻。

二是强化内容审核机制。PGC内容数量相对少，会直接进行风险审核，没有问题会大范围推荐。UGC内容需要经过一个风险模型的过滤，有问题的会进入二次风险审核。审核通过后，内容会被真正进行推荐。这时如果收到一定量以上的评论或者举报，还会再回到复审环节，如有问题直接下架。分享内容识别技术主要有鉴黄模型、谩骂模型及低俗模型。据介绍，今日头条的低俗模型通过深度学习算法训练，样本库非常大，图片、文本同时分析。这部分模型更注重召回率，准确率甚至可以牺牲一些。谩骂模型的样本库同样超过百万，召回率高达95%以上，准确率80%以上。

---

① 资料来源：《央视曝光今日头条推送低俗内容 技术至上论遭动摇》，搜狐网https：//www.sohu.com/a/134498903_116778/。

② 资料来源：江旋：《今日头条进入低俗内容整改期》，2018-01-04，https：//www.sohu.com/a/214562983_161623。

第七节　小结

人工智能应用领域极其广泛，本章以信息流智能推荐为例，分析了算法驱动的平台创新，并将相关创新模式总结为一个基本模式和四个拓展模式；还分析了平台创新引发的公共政策问题，并提出了相关政策建议。当前，人工智能在制造领域的应用亦很迅速，比如智慧制造供应链。本研究成果概括的算法驱动的商业模式创新在数字制造产业的适用性问题，值得进一步研究。不过，以算法驱动推进制造过程中的供需匹配，原理上应该是相通的。

在本章最后，我们特别提出一个问题：激烈的竞争环境下信息流智能推荐平台如何保持其创新优势？换句话说，在推荐算法技术已并不神秘的今天，如果一家企业聘请了足够多的掌握推荐算法编程的技术人员，能否模仿字节跳动做到足够规模乃至成为字节跳动的竞争者？同时我们也看到，推荐算法在今天几乎成为大型互联网平台的标配，字节跳动的优势是否正在被逐渐稀释？这个问题的背景是推荐算法是人类的公共知识，商业模式创新也不像新药那样受到专利的严格保护，因此模仿本身没有技术障碍和制度障碍。算法驱动的平台竞争将形成怎样的格局？

基于本章分析我们发现，竞争环境下创新优势的保持来自于四个方面的壁垒。一是临界容量，在具有网络外部性的行业，任何新创企业都必须突破临界容量才能生存下来。这意味着行业结构往往是寡头式的，少数几家大企业竞争。二是在寡头市场结构下，企业间的竞争会导致产品差异化，完全模仿不是最优选择。三是组织结构可能构成创新壁垒，尤其是在位的大企业模仿新秀企业并不容易。四是先发企业依托于内部平台和外部平台，形成创新生态系统，具有持续创新优势。

附表　　　　　　　　字节跳动产品系列（App）

序号	App 名称（上线时间）	类型	内容	用户量等
1	今日头条（2012 年 3 月）	通用信息	拥有推荐引擎、搜索引擎、关注订阅和内容运营等多种分发方式，囊括图文、视频、问答、微头条、专栏、小说、直播、音频和小程序等多种内容体裁，并涵盖科技、体育、健康、美食、教育、三农、国风等超过 100 个内容领域	截至 2021 年 2 月，今日头条月活用户数已超过 3 亿
2	抖音（2016 年 9 月）	短视频	用户可录制 15 秒至 1 分钟或者更长的视频，也能上传视频、照片等，能轻易完成对口型（对嘴），并内置特效，用户可对其他用户的影片进行留言	截至 2021 年 2 月，抖音月活跃用户数已达 6.9 亿，成为字节跳动旗下最成功的一款应用产品
3	Tiktok—抖音海外版（2017 年 5 月）	短视频		
4	西瓜视频（2017 年 6 月由今日头条旗下的独立短视频 App"头条视频"升级）	中视频（1—30 分钟）	开眼界、长知识的视频 App（Informative Video Platform）	活跃创作人超过 320 万，月活跃用户数超过 1.8 亿，日均播放量超过 40 亿，用户平均使用时长超过 100 分钟
5	抖音火山版（2020 年 1 月由火山小视频更名）	视频		

续表

序号	App 名称（上线时间）	类型	内容	用户量等
6	飞书	企业办公套件	整合即时沟通、日历、音视频会议、在线文档、云盘、工作台等功能于一体，为企业提供全方位协作解决方案，成就组织和个人，更高效、更愉悦	
7	GoGoKid（2018年5月）	面向4—12岁孩子的在线少儿英语1对1学习平台	主打100%纯北美外教；教材对标美国小学主流课标（CCSS），融入SED（社交情商培养）、多元智能理论，为中国孩子带来高效的英语学习体验	
8	懂车帝	一站式汽车信息与服务平台	涵盖内容、工具和社区，致力于为用户提供真实、专业的汽车内容和高效的选车服务，同时为汽车厂商和汽车经销商提供高效解决方案	
9	皮皮虾	内容互动社区	以「分享快乐的力量」为使命，致力于打造一个让年轻人最有归属感的平台，依靠丰富的PGC UGC内容、有特色的互动形式以及独特的社区氛围，让用户自由表达和分享生活中的快乐	

续表

序号	App 名称 （上线时间）	类型	内容	用户量等
10	番茄小说 （2020 年 4 月由头条小说频道升级）	面向网文热爱者的免费阅读平台	拥有海量正版小说，涵盖青春、言情、玄幻、校园、仙侠、都市、悬疑等全部主流网文类型，致力于为读者提供畅快不花钱的极致阅读体验	目前用户规模超过1亿，是小说类产品中的新兴国民级产品
11	Faceu 激萌	相机 App	海量酷炫贴纸、激萌表情包、实时美颜、趣味特效、视频跟拍让摄影社交更丰富更有趣，满足全方位拍摄需求	累计用户量过4亿，每天为用户提供1.7亿次服务
12	轻颜相机	自拍相机	拥有时下最流行的滤镜、美颜效果、和海量拍照"姿势"模板，一键就能 get 潮流自拍	
13	幸福里（2019 由头条房产频道升级）	房产		
14	悟空问答（2017 年 6 月由头条问答升级而来）	问答社区		2021 年 2 月正式关闭服务

第四章 技术迭代、并购与人工智能芯片产业创新

第一节 引言

芯片是人工智能领域中的关键基础设备，关联到人工智能核心产业中软件与硬件的众多方面（高蕾等，2021）。与此同时，芯片也是当前人工智能诸多行业中中国产业与各个企业在国际上面临"卡脖子"问题的重要来源（任继球，2021）。与该领域内欧美强国之间缩小差距成为中国涉及国家战略层面的重任。因此，探究芯片相关领域科技与商业发展的运行规律，对优化领域内中国企业运营与产业技术进步有着重要价值。当前，无论学术界还是行业界，对人工智能芯片都未形成一个完全官方的定义。在行业的发展实践中，从广义角度而言，所有面向人工智能应用而设计与生产的芯片，都可称为人工智能芯片（商惠敏，2021）。涉及具体的上下游生产关系中，人工智能芯片相关产业链涉及了人工智能芯片设计、专利授权、芯片生产、芯片代工、生产工艺创新、云端、芯片在数字终端科技的具体应用等众多关键环节。该产业链的基本简图如图 4-1 所示。

就行业层面而言，人工智能芯片设计领域在相关产业链中的位置是极为特殊和关键的（胡滨雨和郭敏杰，2021）。这一特殊性不仅对应产生了芯片设计有关环节中极为丰富的技术发展与创新的内涵，还涉及企业商业竞争模式与投资布局的诸多内容（埃德·斯珀林和李应选，2019），因此可以进行理论内涵层面的深度提炼工作。具体而言，人工智能芯片设计行业不仅关联了相关技术的专利授权环节，对科技创新直接提出了高要求，同时还直接向下对应于人工智能芯片的生产，是芯片成形前期所必备的环节，因此还催生了人工智能科技企业在上游市场的商业竞争。

在研究问题的选取上，芯片设计是人工智能应用的基石，是整个产业链中的科技重点，所以与技术和创新层面的经济研究相关联；同时，该行

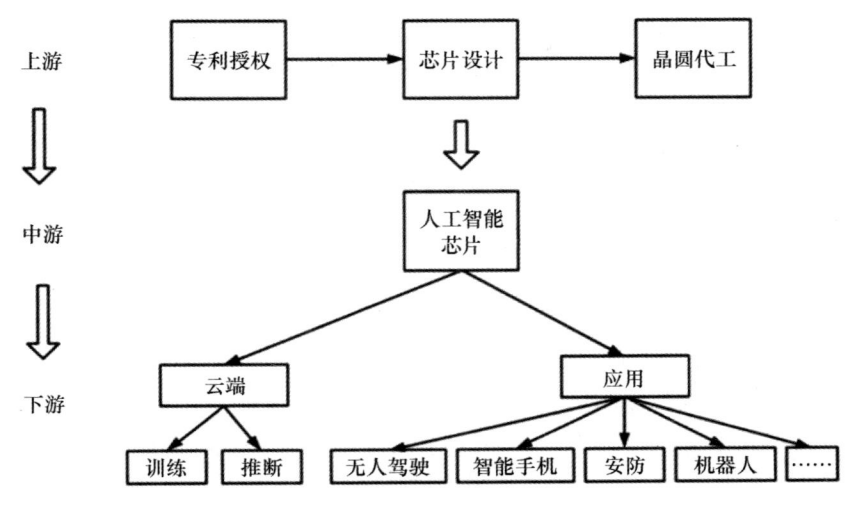

图 4-1　人工智能芯片相关产业链

业内企业商业运营背后的逻辑丰富，竞争格局多变，与产业经济学等领域的研究高度契合。因此，本章将对人工智能芯片领域中的芯片架构设计行业进行分析，探究该行业的商业与科技发展特征，以期为中国该行业的企业发展与创新布局从理论角度提供更清晰的认识。

基于上述讨论，在本行业中，由于涉及新兴科技创新层面内容，并立足于商业竞争与策略布局，三个明确的研究方向便应运而生：第一，当前国际上该领域中，常见人工智能芯片架构有哪些？各有哪些特征？互相之间有哪些优势与劣势？这是技术层面的研究议题。第二，从企业微观角度而言，全球范围内该行业中典型企业有哪些？其发展路径如何？衍生出哪些商业特点？这是从企业角度出发进行的分析。第三，从技术层面和企业层面进行提炼，行业整体发展情形如何？有哪些具有代表性意义的发展规律？这是立足于行业层面进行的更具宏观意义的探究方向。

立足于上述研究方向，从经济学分析的角度出发，上升到科技行业一般发展规律，本章的具体研究问题为：在总体发展情况上，当前人工智能芯片设计行业技术迭代呈现出的模式，行业整体科技发展所达到的阶段，技术创新模式具有的核心特征，这是涉及科技层面的主要行业研究问题；与此同时，在高科技行业，除了科技本身外，商业模式的优化是科技创新之外企业提升运营质量必经之路，并能反过来增加与丰富创新投入的来源，是理论界与实务界共同关注的重要议题。

关联到商业发展的研究问题，企业之间进行并购是科技企业商业发展的典型途径（胡文伟和李湛，2019），在各大科技行业中都极为常见。也因为并购行为是各国政府反垄断部门的关注对象，因而引起监管层面的高度关注（叶光亮和程龙，2019）。而本章下文也将指出，并购这一现象在人工智能芯片行业中也颇为常见，发生的频率极高。同时，科技行业本身对研发创新的依赖度极高，是科技型企业商业发展与扩张的最终落脚点；而上文也已说明，人工智能芯片设计行业对科技发展的需求是极具刚性的。因此，结合这两点，便在人工智能芯片设计行业中引出了学术界重要议题：相关领域内企业之间并购对企业科技创新的具体作用为何（抑制或是促进）？本章研究将指出，在人工智能芯片设计行业的当前发展阶段中，并购将促进科技创新，与创新之间存在正向关联，并通过行业当前的发展情形加以说明与分析。此外，基于该领域当前国际主流发展情形，并立足于中国行业发展现状，探究中国企业可以进一步完善的地方与可以突破的方向，以此在政策与发展建议层面提升本章现实意义，成为另一重点问题，也因为当前"卡脖子"的问题，成为本章最终的研究，进而对应提出相应的政策与发展建议，以更好扶持领域内中国企业的发展。

上述内容构成本章研究重点，涉及人工智能芯片设计行业中既有常见技术路线、典型企业发展路径、商业运营特征、中国行业实情等四个方面的内容。本章研究发现，行业内现行常见芯片架构目前各有优势与劣势，在不同应用场景中发挥各自优势功能，暂不存在能够全面占优的架构类型。就本行业中技术进步与企业发展而言，人工智能芯片设计的技术迭代速度极高，巨头企业的诞生有其对应的时代机遇性与偶然性；由于在技术路线上暂未出现全面占优的架构，行业现行发展阶段尚较为初级，企业之间的竞争程度极高；在商业投资策略上，诸多企业进行了高频率并购与高强度研发，且当前行业中企业并购可以促进科技创新，二者正向相关；针对行业中多领域进行投资，以及试图完善企业在相关产业链的商业版图，是领域内大型企业对冲技术迭代与增强自身竞争力的常见商业策略。而这同时让行业内的新兴小企业常常面临被大企业并购的情形。就中国在该行业的实情而言，虽然领域内中小企业创新活动较多，但巨头企业数目是极为缺乏的，行业领导者位置缺失，导致该行业在当前发展态势下难以形成合力；中资企业积极布局海外资本市场与跨国并购，虽因为国际关系的相关问题导致进展艰难，但仍有成功案例可供借鉴。

本章研究的理论贡献在于三个层面：一是从经济学研究的角度分析了人工智能芯片相关领域的发展，补充该领域研究的相关文献；二是在中国被"卡脖子"的人工智能芯片领域中，梳理了科技内涵丰富的设计架构行业的科技发展规律，为中国该行业中企业进行科研攻关提供了路径参考；三是探究了该行业中市场竞争格局态势，分析得出当前阶段行业中并购对创新存在积极作用这一结论，为行业中企业商业策略的制定与政府相关经济法规的执行提供了理论支撑。

第二节　常见人工智能芯片设计架构简介与对比

人工智能的发展是对传统计算机行业的极大完善与改良（贾夏利和刘小平，2022）。与传统计算机中 CPU（Central Processing Unit）架构处理器主要职能是发布与执行命令不同，人工智能芯片在工作过程中往往需要进行大量数据运算和处理，对算力要求较高，而 CPU 不涉及大规模数据运算。当用 CPU 执行人工智能算法时，CPU 将花费大量时间在数据或指令的读取分析上。在一定功耗前提下，不能尽可能加快运行频率和内存带宽来提升执行速度，无法满足算力要求，人工智能专用的人工智能芯片设计架构便应运而生。当前，人工智能芯片设计实务界内有三类最为常见的芯片设计架构。

首先是 GPU 作为当前人工智能领域内最通用且最成熟的芯片架构，在本行业内进行了广泛的应用（尹首一等，2018）。具体到工作机制与原理而言，在图像运算与人工智能算法中，一次指令下达后常伴随大规模数据运算。为满足该需求，从业者们应用了 GPU，由 CPU 将数据分发至不同计算单元同时运算，最后汇总给 CPU。这减轻了 CPU 负担，提高模型计算速度，此时 CPU 相当于大脑，GPU 相当于四肢，由大脑发出指令让四肢来完成，不需要大脑亲自去执行任务。GPU 在计算机视觉、自然语言处理、游戏开发等领域都有着广泛应用。20 世纪 90 年代，实时 3D 图形在电子游戏中变得普遍，对硬件加速 3D 图形的需求增加。英伟达借助其图像处理单元满足了该需求，即为 GPU 架构。之后，GPU 算力充足，满足了人工智能发展的部分需求，造就了英伟达的商业成就。按照学术界对于创新的界定（Francis and Bessant，2005），GPU 架构在人工智能领域的应用分类更倾向于"定制创新"（Market Position），即原先行业已存在技术或思路（电子游戏）大规模应用于了新领域（人工智能）。

虽然 GPU 当前技术已较为熟，通用性较强，但其在计算机领域内不具备可编程性，因此灵活性不足，且不能执行人工智能新兴领域深度学习中的推断功能，这便诞生了定制化能力较强的定制化架构。因此相比于GPU，定制化人工智能芯片架构属于将现有产品或架构通过重构等手段进行优化以适应特定产品或需求的目的，较为倾向于"产品创新"（Francis and Bessant，2005）。

基于GPU存在灵活性缺失的相对劣势，目前另一类常见芯片架构FPGA便实现了一定的可编程化，即"现场可编程门阵列"（Field Programmable Gate Array）。具体而言，FPGA为半定制化架构，在可编程器件基础上发展而来。基本原理是在芯片内集成大量基本门电路及存储器，用户可通过更新配置文件来定义这些门电路以及存储器间的链接，让硬件实现可编程功能，而该功能是GPU所不能执行的（徐国亮和陈淑珍，2020）。FPGA的可编程性让机器学习加速器可根据需求进行优化，灵活性强于GPU。但受困于当前技术水平在硬件层面的限制，开发可编程功能代价是部分算力的减弱，相比而言GPU运行速度峰值更高，在算力层面相比FPGA更有优势。在FPGA层面同样出现了一批优秀设计企业如赛灵思（Xilinx）等。当前，基于FPGA的架构在算力层面的提高是众多设计企业的突破方向，试图实现对GPU的超越，从而催生能够多方面占优的芯片架构。

当前，还有另一类定制化程度更高的架构类型ASIC，即专用集成电路（Application-Specific Integrated Circuit）。这是一类全定制化的芯片设计架构，其应用目的是让芯片适应深度学习等领域的任务（王晨等，2021）。ASIC芯片架构的产生有其自身的开发来源：目前以深度学习为代表的人工智能计算需求主要采用GPU、FPGA等架构来实现加速。在行业应用没有大规模兴起时，使用这些架构可避免专门定制芯片的高投入和风险。但这两种架构设计初衷并非专门针对深度学习，天然存在功能与功耗的局限性。随着深度学习的发展，这类问题日益突显。在三类当前最常见的芯片架构中，GPU作为图像处理器在应用于深度学习算法时无法充分发挥并行计算优势。具体而言，深度学习是人工智能当前发展的一个重要方向，其包含训练和推断两环节。GPU在深度学习算法训练上的能力是极强的，体现了其在算力上的优势。但对于单一输入进行推断，GPU则难以胜任。FPGA亦不是专门为了适用深度学习算法而研发，其计算能力相比而言较弱，且为实现可编程特性，其内部大量资源被用于可配置的片上路由与连线，因此计算资源占比相对较低。相比而言，ASIC在功耗、集成度等方面有优势，在要求高性能、低功耗移动应用端体现明显，适应了深度学习的要求。但与此同时，ASIC 同样存在相对缺点：电路设计额外需要定制，开发周期长，功能难扩展，通用性不足。这使得 GPU 与 ASIC 芯片架构目前同样有着广阔的应用场景。

总而言之，当前常见设计架构各有优劣势，暂未出现在各个方面能够占优于其他架构的最优架构。具体而言，GPU 通用性高，但灵活性较差，且不能胜任人工智能实际应用中的推断功能；FPGA 具有可编程性，但算力较弱；ASIC 能够较好满足深度学习发展需求，但通用性较弱，开发周期常，因此对应较高成本，让大规模商用出现问题。因此，当前在人工智能芯片设计行业中暂未出现能够全面优于其他架构的设计路线，技术发展远未饱和。同时，传统的 CPU 架构在命令执行层面优势明显，并未被彻底淘汰，其与人工智能芯片的深度结合是行业未来发展重要方向。因此，对该行业内的中国企业而言，虽然在现有架构上存在一定的既有技术劣势，但技术壁垒可以通过完善常见架构的现有缺陷或者拓展新的设计架构加以完善，而且硬件技术的提高能够提升相关芯片架构的适用性。因此，目前仍有能够在本行业中进行突破和完善的方向。

第三节　人工智能芯片设计行业典型企业商业路径探究

在人工智能芯片的全球科技与商业领域内，美国是当前的世界性霸主（史入文，2019），诞生了一大批先进的人工智能芯片强势企业，这促成了美国在数字经济几乎所有领域的全面发展（王世强，2022）。美国企业在人工智能芯片设计行业中同样表现突出。三家美国企业英伟达、英特尔、AMD 的发展情形是较为典型的，能够较好反映出当前该领域内强势企业发展壮大的规律性内容。因此，这三家企业成为本章在企业层面选取的重点研究对象。就具体的企业相关研究内容而言，特别是这些企业进行科技创新投入与商业竞争发展的相关内容，与本章的研究有着密切的联系，能从企业理论层面的微观角度对人工智能芯片设计相关行业有着更深入的认知。

一　英伟达

英伟达是当前国际上 GPU 领域的绝对领导者，用 GPU 架构实现人工智能时代企业的飞速发展。此外，英伟达正试图尽力补齐人工智能芯片设计领域的全部板块。

英伟达的商业成就体现出人工智能芯片设计行业发展在尖端技术上对应出一定的偶然性。并非英伟达提前预测到了人工智能时代发展对于新型芯片的迫切需要，而是GPU作为图像处理芯片恰好在数据处理层有着巨大优势，与人工智能时代发展相契合，让英伟达成为人工智能时代领先者。因此，这对应于人工智能时代巨头诞生的一定偶然性。但偶然性并不能让企业永远获得竞争优势。在GPU领域获得优势发展后，英伟达的其他商业布局与发展同样反映出该行业的一些发展规律与特征（梅丹琳，2018）。具体而言，对企业发展路径进行进一步的深入分析，本文发现两个代表性事件可反映英伟达当前发展路径。

一是英伟达在并购上进行了巨大商业投入。其中，最具代表性的商业行为是2020年9月英伟达发布声明表示将斥资400亿美元收购英国ARM公司，若得以实施将成为行业历史最大收购。ARM主要业务是研发架构技术，然后向芯片巨头授权获取专利费，技术优势明显。当前，全球95%的手机和平板电脑都使用ARM技术。[①] 该收购案遭到领域内同行反对，引发了多国反垄断部门的重视，受到了强大阻力。但如果一旦顺利实施，让英伟达在GPU领域中积攒的强大人工智能计算能力和ARM优势专利技术相结合，将能够把握住人工智能无限发展契机，可极大助推英伟达在数据中心市场等领域业务的壮大，更好地与英特尔、AMD等争夺相关市场。

二是英伟达对自身业务范畴的积极补充与不断扩张。英伟达于2021年正式推出了自身基于ARM架构的CPU，补充了发展板块，威胁到CPU传统巨头。成为GPU巨头企业后英伟达并没有局限于此。英伟达推出的该款CPU芯片基于ARM架构，并结合了自身GPU架构。英伟达称其可面向超大型人工智能模型和高性能计算，是世界第一款为万亿字节级别CPU，能够较好胜任数据中心的业务，将直接威胁到英特尔、AMD等传统CPU巨头企业的发展。

上述资料与分析表明，英伟达通过GPU在人工智能时代成为行业领导者；而其并不满足于此，正通过并购与研发等手段拓宽发展板块，力图建立起一个芯片领域全面发展的巨头。此外，正因为其当年崛起存在偶然性，因此英伟达虽然成功实现了跨越式发展，但对当前其他的芯片设计路径与架构也保持着高度关注，如对谷歌基于ASIC架构设计成型的芯片，

---

① 资料来源：https://www.zhitongcaijing.com/content/detail/336979.html。

虽然该芯片当前在很多方面还存在不完善之处，但已引起了英伟达高度关注。而且，当前英伟达已开始了在类似架构的研发，通过积极的商业布局防止自身被其他企业实现架构上的技术超越。

二 英特尔

英特尔是传统 CPU 架构的巨头企业，未能在算力需求上满足人工智能时代的技术发展需求，引致其在本领域内商业竞争上暂时落后。当前，英特尔正试图通过广泛并购重获芯片市场的优势地位。英特尔商业发展所涉人工智能芯片领域并未局限于设计，囊括了产业链上下游多层面。

在人工智能时代，传统 CPU 架构无法肩负其算法与数据处理重任。这导致英特尔的企业发展严重受限。当前虽然英特尔也试图在 GPU 领域积极发展，但市场份额与影响力明显不如英伟达。本文梳理发现，为在人工智能领域拓展市场，当前英特尔最常用商业操作手段是进行大规模并购，进而扩充企业自身发展。其近年来典型并购案例如表 4-1 所示。

表 4-1　　　　　　　　英特尔近年典型并购案例

时间	案件描述
2015 年 8 月	以 167 亿美元收购了 FPGA 架构设计企业 Altera
2016 年 4 月	收购意大利芯片企业 Yogitech，可应用于无人驾驶汽车领域
2016 年 4 月	旗下公司 Wind River 公司收购 Arynga，涉及可远程升级软件开发
2016 年 5 月	收购机器视觉技术公司 Itseez，适用于人工智能下游应用领域
2016 年 9 月	收购 Moviduis，视觉处理器可应用于无人机与 VR
2017 年 3 月	以 153 亿美元收购以色列自动驾驶技术公司 Mobileye
2019 年 12 月	收购以色列人工智能芯片企业 Habana Labs

资料来源：根据英特尔公司公开资料整理而得。

英特尔在人工智能市场的并购投资处于一直进行的状态之中，且预期其将长期走下去。这些案例表明了英特尔在人工智能领域发展的主要思路：通过广泛收购技术优势人工智能新兴企业，让其成为自身下属业务部门，积极融入多领域发展。值得注意的是，相比于英伟达专注于设计领域，英特尔还对人工智能多类下游应用企业进行了大规模并购，这在侧面表明人工智能芯片设计领域已存在一定技术难度，尤其是在 GPU 领域，英伟达已形成强大市场势力与技术优势，英特尔虽然试图跟上英伟达，但并不能保障自身在该行业胜出，因此试图在人工智能产业链上下游多个领域进行投资，以期增加企业盈利面。这反映出了芯片设计领域科技高强度复杂性与不确定性，在既有较为成熟路线上已经形成了一定技术壁垒，从新思路出发另辟蹊径更可能实现企业的优质发展。

三 AMD

AMD 是 CPU 市场中英特尔的长期竞争对手，人工智能时代又与英特尔合作对抗人工智能巨头英伟达。

AMD 与英特尔曾在 CPU 领域长期竞争，而人工智能的发展让 CPU 地位下降甚多，英伟达的跨越式发展对英特尔与 AMD 形成了明显的竞争威胁。为应对竞争，英特尔和 AMD 开始合作，采取商业牵制策略，以应对英伟达的强大市场势力。2017 年 11 月，AMD 和英特尔正式宣布联手推出集成英特尔 CPU 和 AMD GPU 的电脑芯片。业内普遍认为 AMD、英特尔、英伟达未来直接竞争主要在人工智能领域，当前 AMD 与英特尔在人工智能芯片领域以及数据市场都有着明显商业布局。AMD 深知人工智能科技企业技术创新的重要价值，需要不断优化商业布局以提升企业实力。为了壮大企业发展，也在并购角度下了大气力：2020 年 12 月，AMD 正式宣布将收购 FPGA 芯片巨头赛灵思。[①] 此并购当前正在接受多国政府反垄断审查。赛灵思在 FPGA 方面有着巨大优势，如果能顺利实施并购，对 AMD 在人工智能芯片设计领域能带来明显优势，可助力于 AMD 与其他巨头间的竞争。

AMD 的商业发展路径将反映出人工智能芯片设计领域内技术的高度迭代性与对应的商业策略多变性。早年间 AMD 与英特尔因为竞争和专利问题产生纠纷，二者多次因为专利授权问题而向法院提起诉讼。如今，因为在人工智能芯片领域的相对劣势，AMD 与英特尔又开始了商业合作。企业间竞争与合作的动态转变在高速发展的人工智能芯片领域将长期存在。

---

① 资料来源：https://baijiahao.baidu.com/s?id=1696543306338795250&wfr=spider&for=pc。

第四节 人工智能芯片设计行业当前
发展阶段特征规律分析

结合领域内典型企业的发展路径，从行业整体出发，本节总结出行业当前发展阶段中，商业竞争与科技创新呈现出如下显著特征。

一 技术迭代的高速性与巨头诞生的偶然性并存

当前，人工智能芯片设计行业有着高度的技术迭代性，新研究思路与设计路线层出不穷。受限于硬件层面的发展局限性，暂未出现各方面都优于其他路线的设计路线。行业中的巨头企业与优势技术的产生存在一定程度的偶然性，催生出既有巨头常被新技术新思路颠覆的可能性。

在技术层面，传统计算机的 CPU 处理器在下发指令层面优势明显，但对各个局域数据搜集处理等层面的功能便无法胜任，因此，对数据分析能够起到胜任作用的新型处理器变成了制约行业发展的重要因素，而能够有思路解决此问题的企业也势必将成为佼佼者。正是在此背景下，之前并未兴起的英伟达因其所设计的 GPU 处理器能够对整体与局部各类图像信息进行分析处理，契合了人工智能时代对数据分析、图像处理的强烈诉求，因此基于 GPU 分析思路的芯片便在人工智能领域得到了广泛应用，让英伟达成为人工智能时代的首批巨头企业，这便是从电子计算机到智能手机转变中技术迭代影响市场竞争格局的体现。

同时，上文指出，基于 GPU 的芯片设计并非能让企业一劳永逸，GPU 同样有很多可以进一步完善之处，其芯片设计思路尚可以得到深度改进，这也是 FPGA 与 ASIC 芯片设计思路兴起的原因。同时，在现实中，无论是基于 GPU 的人工智能芯片，还是基于较新的 FPGA 或 ASIC 设计思路的芯片，当前都或多或少存在不完美之处，对人工智能芯片设计思路的深度改进一直是行业中众多企业的前进方向。此外，基于机器学习、深度学习等更先进技术（但这类技术的问题也同样严重）的新设计思路都是行业内较为看好的新型设计思路，而即使是 GPU 巨头英伟达，也对继续新设计思路如 ASIC 架构的芯片保持着持续关注，虽然新设计思路在现实中受困于众多现实因素，在部分技术问题上无法得到完全攻克，尚不能在人工智能产业链应用端得到规模生产与应用，但英伟达也无法保证未来新的芯片设计思路一定不会超越其现行 GPU 架构，因此必须从研发角度对新设计思路保持持续关注，并尽可能从研发角度尝试做出技术突破，以提升企业在本行业的潜在竞争力。

未来，在人工智能芯片设计领域，到底哪一类或者哪些设计思路能够脱颖而出，创造出类似于英伟达这样新的行业巨头，尚未有明晰的定论，但现行或者潜在的发展方向都有胜出的可能性，都有潜力帮助企业实现跨越式发展（葛悦涛和任彦，2021）。结合应用领域的关键攻关，新思路可能会取代当前的旧方法旧思路。同时，更加新颖的设计思路在行业发展过程中也可能会不断地产生，对原先思路与行业发展不断地带来颠覆性的影响，技术存在高度迭代性这一行业特性更加凸显行业中企业诞生存在的偶然性。

二 高频率并购与高强度创新之间现阶段存在正向关系

当前，人工智能芯片设计行业正处于较初级的整体技术发展阶段。虽然部分领域内已经形成一定的技术壁垒，但行业当前还远没有达到饱和或能形成稳定垄断的阶段。企业进行高强度研发与高频率并购相结合的商业策略是当前行业中常见的发展模式。尤其对头部企业而言，通过高强度研发获得自主创新与通过并购吸收创新皆不可或缺，而通过并购来消除新兴创新的模式在当前是缺乏现实价值的。因此，这体现出当前发展阶段该行业并购对创新的促进作用，二者呈现出正向关联的关系。

当下，人工智能芯片设计相关行业中的市场竞争格局是动态多变的，企业之间的竞争关系也可能因为利益的缘故而不断变化，尚未有一家企业可以肯定自己在人工智能芯片设计全方位都有明显优势，或是自身掌握了全领域最先进设计思路。这表明行业在技术发展上尚处于较为初级的阶段，未达到饱和或者垄断格局，竞争氛围在当前仍较为强烈，行业内的企业一直致力于在新技术创新与突破上下功夫。行业竞争格局的背后，由于涉及人工智能芯片设计领域的高科技属性，对技术与设计思路创新的认知一直是最本质与核心的内容。同时，下文将具体论述，行业中企业并购经历丰富，无论是既有行业巨头为了补齐行业发展的全部格局，还是较为劣势的后发企业为了弥补技术等方面存在的不足，都在并购其他企业尤其是新兴技术优势企业方面下了大气力，因此需对人工智能芯片设计企业的并购行为与科技创新之间的关联进行研究。下文将分别对行业内企业并购与创新的现状进行梳理与分析，然后对行业内二者之间形成的关系以及缘由进行探究。

(一) 行业中企业高强度的研发投入

首先，从企业研发投入角度而言，人工智能芯片行业对科技进步与所得成果的要求极高，加上上文所分析得出的行业技术发展存在高度迭代性这一结论，这便要求行业内的企业不得不从研发角度上下大气力，力争创造出优势科技成果，在竞争中赢得优势。以2018年为例，全球研发投入最高的前十家企业大多数与人工智能芯片产业相关，见表4-2。

表4-2　　　　　　　　2018年全球企业研发投入前十名

排名	公司	年度研发总投入（亿美元）	研发年增长率（%）	年度总营收（亿美元）	年度净利润（亿美元）	研发强度（%）	净利率（%）
1	英特尔	135	4	708	211	19	30
2	高通	56	3	227	49	25	-21
3	三星半导体	39	13	772	暂无	5	暂无
4	博通	38	14	208	126	18	60
5	台积电	28	7	342	116	8	34
6	英伟达	23	30	95	36	24	38
7	美光	21	17	304	141	7	47
8	SK海力士	20	7	362	140	5	39
9	联发科	19	1	77	7	24	9
10	恩智浦	17	9	90	23	19	25
合计/平均		396	8	3186	751	12	24

资料来源：根据相关企业公开资料整理而得。

其次，以全球企业整体研发数据为例：2018年，英特尔的研发投入高达135亿美元，占企业总营收的19%；而从英特尔的若干单项部门来看，在人工智能芯片涉及相关领域的研发强度则更高，超过了20%，如人工智能芯片设计与自动驾驶等部门。这体现了英特尔试图用高强度研发获得人工智能芯片设计领域优势地位的强大决心；AMD当年的研发投入为14亿美元，在总营收中占比高达22%；此外，作为设计巨头，英伟达研发投入主要都用在了人工智能芯片相关领域，总额达到了23亿美元，占企业总营收的24%。这些数据远超一般行业（如近年来美国全国整体的研发投入强度在4%左右；中国全国整体的研发投入强度在2%左右）。高水平研发强度表明在企业营收不断扩大的同时，人工智能芯片巨头们的研发投入同样"水涨船高"。以英特尔为例，图4-2是英特尔近年来的研发投入，呈现出不断增长的变化趋势。

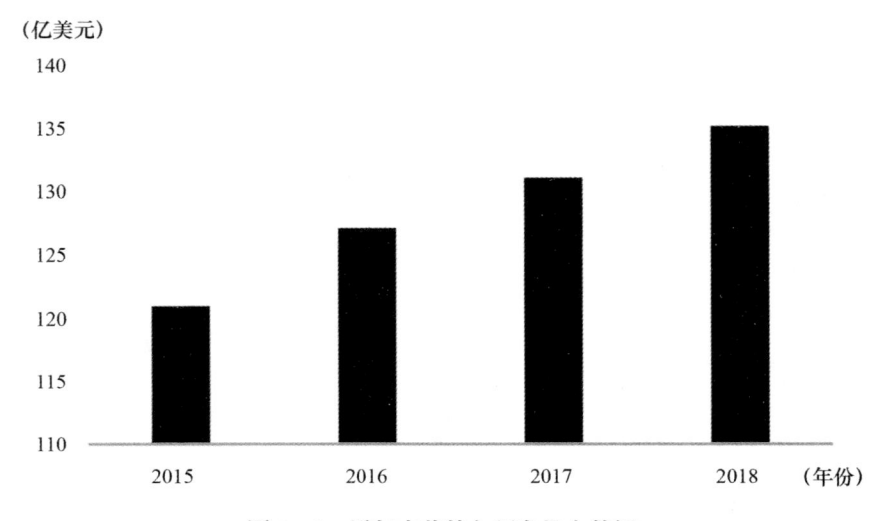

图4-2 近年来英特尔研发投入数额

资料来源：根据英特尔公司公开资料整理而得。

相关企业在研发强度层面的持续高投入是人工智能芯片设计行业特征的体现：

第一，人工智能芯片行业技术发展与迭代速度极快，企业需不断追加研发投入、保持高水平研发强度，一方面可以保障自身既有科技优势的相对地位，跟上行业整体科技发展的步伐，另一方面，高强度科技投入能够尽可能降低新兴企业超过自身成为行业新巨头的概率，进一步维持自身的优势市场地位。

第二，人工智能芯片行业对行业科技积累与数据信息等要求高，在企业发展过程中不得不追加科技投入，保持一定比例高水平科研投入强度。这一点是人工智能芯片设计行业重要特征之一，相比于其他行业中先进发明问世之后可以至少在短期3—5年内依赖先进技术获取市场优势，人工智能行业更依赖于技术层面与数据层面的积累，前期获得的技术与数据等信息需要企业持续消化与学习，进而不断完善自身的技术与思路，这一特征对应结果便是人工智能芯片设计行业中企业在科研投入强度上的水平是较为恒定的,同时也是较高的,企业经营规模与收入在不断扩大的同时,研发投入也随之增高,且比例较为稳定,这反映出了技术数据积累对人工智能行业的重要性,这一点表明较高的研发投入强度是人工智能行业中企业策略性选择的结果,具有一般意义上的代表性。

综上可得,当前人工智能芯片设计行业中企业研发投入不仅数额较大,且投入强度较高。随着企业不断地发展壮大,稳定情况下企业研发投入也随之不断增高,维持着较高水平的研发投入与投入强度。

(二) 行业中企业间的高频率并购

就商业策略而言,并购是人工智能芯片领域相关行业常用手段。实际上,并购并非本行业的专利,而是众多产业中企业常用商业策略。自商业社会诞生之时这一现象便十分普遍(Farrell and Shapiro,1990)。企业之间进行并购原因包括但不限于扩大企业市场势力、提升生产效率或企业市值、降低运营风险、吸收先进经验优化企业管理与运营等。人工智能芯片相关行业对科技水平提出了高要求,因此企业进行并购的重要目的便涉及优势科技创新。在芯片设计行业内,本章注意到企业之间发生的并购有两个重要特征,一是发生频率极高,二是所涉交易金额一般较高。表4-3是对人工智能芯片设计行业近年来的标志性并购案例所做梳理。

首先,就发生频率而言,由于并购所涉经济法律、企业管理等层面内容较多,因此任意行业中任意企业之间的并购发生都需要进行大量的提前预判工作。人工智能芯片设计行业之中高频率并购的发生便是对技术迭代的较好回应:企业通过并购,尤其是大型巨头企业,通过并购获得小企业的新兴优势创新,有利于大企业保有技术层面的优势,而小企业也可以借助大企业的平台与资金、科研优势,二者在并购之初的商业目的上是较为一致的。对应着人工智能芯片设计领域的快速技术迭代与发展方向的不确定性,如果不能在技术层面保持优势,占领第一梯队,那么企业发展会受到不利影响。如上文所提及的英特尔等企业面临了英伟达通过技术与思路优势实现了跨越式发展,因此通过并购保持对优势技术的快速持有便成了人工智能芯片设计领域企业的常用商业策略,进而衍生出该行为在行业中发生的高频率。

其次,本章还发现,人工智能芯片设计行业中企业进行并购所产生交易额一般较大,超过百亿美元的巨额收购案层出不穷。这反映出了出资方对被并购企业在技术层面所具有巨大优势的积极肯定,也是出资方对两家企业并购之后能够较好实现多层融合发展的良好预期。

虽然人工智能芯片设计行业当前确实属于高利润行业,但是面对数额如此之大的并购案,任何企业都不得不思考再三,在商业策略上慎重行事。因此这些大规模并购案例的高频率产生也从侧面反映出人工智能芯片行业中企业尤其是巨头企业对优势技术、新兴思路的强烈渴望。

表 4-3　近年来人工智能芯片相关领域内的重要并购案例信息

年份	出资方	被收购方	被收购方主要业务	交易额（亿美元）
2015	安华高	博通	通信芯片、WIFI 芯片	370
	西部数据	闪迪	储存芯片、闪存	190
	恩智浦	飞思卡尔	汽车芯片、微控制器	167
	英特尔	Altera	PPGAA	167
	拉姆研究	KLA-Tencor	半导体设备	106
2016	软银	ARM	IC 设计、专利架构	320
	ADI	Linear	模拟芯片电路	148
	三星	哈曼卡顿	汽车、音响	80
	日月光	矽品	IC 封测	52
	微芯科技	Atmel	微控制器、模拟电路	36
2017	英特尔	Mobileye	汽车芯片、智能驾驶	153
	Marvell	Cavium	CPU、网络通信	60
	博通	Brocade	光纤通道交换机	59
	Littlefuse	IXYS	功率半导体	7.5
	峡谷桥	Imagination	GPU	7.42
2018	博通	CA	云端软件	189
	贝恩资本	东芝存储	存储芯片	180
	微芯科技	美高森美	模拟芯片电路	80
	瑞萨	IDT	无线充电	67
	Lumentum	Oclaro	光通信器件	17

续表

年份	出资方	被收购方	被收购方主要业务	交易额（亿美元）
2019	博通	赛门铁克	企业安全业务	107
	英飞凌	赛普拉斯	FPGA	101
	英伟达	Mellanox	高性能网络技术	69
	闻泰科技	安世半导体	半导体标准器件	38
	恩智浦	Marvell	无线连接业务	17.6
2020	英伟达	ARM	IC 设计、专利架构	400
	ADI	Maxim	模拟芯片	209
	AMD	赛灵思	FPGA	350

资料来源：根据相关企业公开数据整理而得。

（三）人工智能芯片设计行业中并购与创新的正向关系论述

在上文对行业科技创新与企业并购分别做了介绍的基础上，本部分将阐释人工智能芯片设计行业中常见的企业之间并购行为对企业进行科技创新带来的具体影响，并分析行业当前发展阶段这两类商业策略之间的相关关系。

1. 特征事实

本章认为，虽然在数字经济、部分制造行业中通过并购来打压创新的现象时有发生，但相反的，目标为打压新兴优势创新的这一类并购模式在人工智能芯片行业当前的发展阶段中反而较为少见，为吸纳创新而产生的并购模式更为常见，这一点有两方面事实可用来佐证。

（1）事实一：进行高频率并购与高强度创新的企业高度重合

对比上文进行高强度投入与高频率并购的人工智能芯片相关企业名单（表4-2与表4-3）可发现，同时进行两类商业行为的企业是较重叠的，尤其是一系列大型巨头企业如英特尔、英伟达、AMD、三星半导体、博通、高通等。这些巨头作为人工智能芯片整体相关行业的领导者，在并购与研发两个方面的投入都是较大的，说明高强度的并购活动并未让企业停止高强度的研发活动，在相关行业中并未出现并购抑制创新的迹象。相反的，合理的并购使得两家企业深度融合，造就了该行业中巨头虽然研发投入很大，但利润水平一直较高，这体现了并购与创新二者对巨头带来的积极作用，可理解为商业决策组合的协同作用，共同优化了企业运营状况。

（2）事实二：行业中缺乏并购与创新呈现负相关关系事实与案例

在本研究所整理发现的行业案例里，在人工智能芯片设计行业中尚未发现明确处于打压创新而进行的并购活动，也没有出现被收购的新兴企业部门因为管理或文化上的矛盾导致自身创新优势被出资方抑制的情况。因此平台经济中常见的"扼杀式并购"在人工智能芯片设计行业中较少见。反观则是典型的并购促进创新案例：无论是 Altera 与 Mobileye 也等成为英特尔的一个下属部门后取得了较好的发展，且部门研发费用稳定在较高水平，还是英伟达收购 ARM、AMD 收购赛灵思试图用优势架构与算法优化企业产品与自身科技优势，都不是主观上通过并购来扼杀创新或是创新被并购抑制的案例。同样的，在人工智能行业当前的现代企业管理体系中也未出现企业管理冲突导致创新不利的情形，而两企业借助对方优势强强联合更为普遍，在整个人工智能芯片设计行业，都可以发现并购对创新的正面促进作用。

更进一步的，本章注意到人工智能芯片设计行业中企业在选择并购对象时的决策制定具有明显互补性，如 ARM 能够优化英伟达的产品功能、赛灵思所具有的 FPGA 架构优势是 AMD 所没有的且是未来潜在的科研方向，这些都进一步表明了相关企业进行并购的目的是为了实现互补式的科技创新，因此同样不存在通过并购来抑制创新的企业动机。

2. 原因分析

结合文献对并购与创新关系的阐释，探究产生该现象在人工智能芯片设计行业产生的本质原因，本章认为主要有以下四点。

（1）主观层面，面对技术发展高度迭代性，巨头企业通过并购来主动抑制或扼杀创新从企业发展角度而言缺乏现实价值与意义。

如上所述，至少在行业当前发展阶段，人工智能芯片设计领域的技术进步速度与迭代速率都很快，突破性思路与方法随时可能诞生，因此一旦出现新技术便通过并购的模式来扼杀在摇篮中在现实中几乎是不可实现的，商业可操作性低，没有任何一家头部企业能够拥有如此精力与实力去扼杀行业中所有新兴技术创新。快速技术发展还使得人工智能行业在当前较难形成稳定的动态垄断格局，而市场竞争格局形成自然寡头的倾向性较强，这一点在人工智能科技行业中体现的较为明显，无论是处于人工智能产业链上游的设计行业还是技术衍生出的下游技术市场，皆有此市场特征，这同样使得企业通过扼杀新兴企业创造出的技术创新来维持垄断市场势力的决策是无效的，竞争格局难以消除。同时，因为面临其他竞争对手，不断地通过并购扼杀创新将会有损企业声誉，并使得竞争对手在并购市场中能够获得更好声誉，同样对企业不利。上述分析从经济学角度出发，说明人工智能芯片设计行业中的企业在行业当前发展阶段一般不会通过并购来主观上扼杀新兴企业科技创新，如此行为并不利于企业长期发展，因此企业进行并购的目的主要为吸收新兴优势创新。实际上，研究指出，一个行业内发生并购的可能性越大，企业预期到市场竞争压力越大，便会越发努力地开展研发活动，加大创新投入的力度与强度（任曙明等，2017）。该发现与人工智能芯片设计行业当前市场格局极为契合，进一步佐证了本章的结论。

需指出的是，人工智能芯片设计领域企业动态稳定的垄断格局较难形成与其他很多行业如应用型较强的部分行业较难形成垄断格局的逻辑是相反的。对于一般应用型行业而言，技术门槛较低，如很多低端行业，或者核心硬件技术由上游负责，如数字产业等，使得企业进入行业参与竞争的壁垒较弱，加上资本市场高度发达，这些行业中一般较难出现长期垄断者，对企业而言最优也只能预期形成默示合谋型的自然寡头格局。而在人工智能芯片设计领域，反而是因为对技术与设计思路等要求很高，科技水平天花板还远未达到，理论与实践的创新都亟待突破，而在可预期的较长一段时间内，并没有能够出现设计思路或者技术水平完全优于其他企业的巨头出现，因此在短期内几乎不可能产生独立垄断者，是技术发展催生了高强度竞争。但这并不影响企业尤其是巨头企业试图形成强大市场势力的决心，在这一共同目标的催促下，反而促成了当前该领域内竞争氛围，且并购的不断发生趋于提升行业集中度，让竞争格局更加复杂。纵观行业发展的一般规律，从上述分析也可以反推出，当前人工智能芯片设计行业尚处于整个行业发展初级或中级阶段，还远没有发展到市场终极或称饱和的阶段。从国家与企业的战略发展角度而言，虽然既有的巨头企业占据了较多发展资源与当前最先进设计思路，但研究创新之路正处于成功可能性较大的阶段，对于其他企业或是在该领域发展较薄弱的国家和地区，尚有可进行突破的路径与方向。

（2）从企业发展角度而言，在行业当前发展阶段通过并购吸收创新能够极大程度地降低出资企业科技投入成本，尽可能减少无效投入，有利于企业发展。

人工智能芯片设计行业中技术发展的不确定性一方面让头部企业通过并购吸收优势的新兴企业，而新兴企业得到头部企业的资金与科研平台优势后能够更好发展，在技术层面可以更有作为，实现头部企业与新兴企业的互利互惠。另一方面，这样的组合还可以减轻头部企业的研发压力。如上所述，对于人工智能芯片设计行业，高强度研发势必是任何参与企业的重中之重，但包括巨头在内的企业也较难在所有设计思路中都进行高强度研发投入，这将极大提高企业成本。作为企业重要成本之一，如果能保障企业技术水平不下降或者提升的同时还降低研发投入，那么对企业而言势必是有着巨大吸引力的一项商业决策，这进一步体现出了人工智能芯片设计领域内通过并购吸纳先进创新的作用。因此面对当前多面开花的人工智能芯片设计领域，并购能够减少企业在创新探索过程中的未知成本，同样促成了通过并购来实现吸收创新的商业目的，让并购成为众多企业尤其是头部企业的重要商业策略之一。

（3）除并购产生的积极作用外，巨头企业在并购策略上趋于形成"囚徒困境"，高频率并购成为巨头企业占优决策。

正因为优势新兴企业在技术层面可能对巨头企业的发展有着重要的促进作用，且当前行业终极格局尚未形成，让积极并购成为巨头企业不得不采取的措施，巨头企业之间在此方面的商业投资形成了"囚徒困境"：如果自身只是单方面侧重于自主研发，而对自己的竞争对手而言，此时的最优商业策略当然是进行合理的并购操作。同时，如果巨头企业已开始积极探寻并收购新兴小企业，那么其竞争对手当然不会对此熟视无睹，最优商业策略势必也是进行并购投入。实际上，虽然并购需要较多资金支持，但从表4-1可以发现，人工智能芯片设计领域的众多巨头企业大多都属于高利润率企业，因此在资金上是较为充裕的。同时，如果对企业发展前景与并购的市场预期良好，那么资本市场一定会进行积极回应：注意到本行业中若干大型收购发生之时被收购企业的股价都会持续上扬，反映出市场对此并购的乐观情绪。

因此，作为行业中的巨头企业，面临竞争对手商业策略选择，积极进行并购是一类占优的博弈决策。加上行业内大企业自身"家底殷实"，且从客观上来讲资本市场对类似行为积极看好，从而"推波助澜"。这些因素综合起来，使得并购在人工智能芯片设计行业中极为常见。这一点是从博弈论角度进行的分析，也可解释为何近年来当英特尔、英伟达进行强势并购后，AMD紧接着便也积极投入到行业并购队伍中，属于博弈模型中领导者与跟随者之间的决策。此外，还需注意的是，正因为竞争者通过并购吸收了优势创新，才使得企业"不得不"紧跟着进行并购。反之，如果通过并购扼杀创新是竞争者的目的，那么博弈跟随者没有必要跟着进行并购投入，这进一步表明了行业内并购对创新的积极作用。

(4) 人工智能芯片设计行业处于较初级阶段，使得并购抑制创新的负面因素难以出现或发挥抑制作用。

目前学术界对商业发展的研究是较为深入的，能够导致并购与创新出现负相关关系的因素得到了较大范围的认定。与这些情形相反的是，在行业的当前发展阶段，人工智能芯片设计行业中发生并购的双方目标明确，受到客观因素影响较少，一般而言不会出于决策而非技术原因通过并购故意打压创新。正如文献指出，即使不是从主观上打压创新，但客观因素可能导致并购存在无效性，从而传到并购后的企业创新决策，造成企业创新投入下降。对比文献可以发现，现阶段人工智能芯片设计领域受到文献所指出的客观因素影响较少，无论是企业所有制、跨国并购等因素，还是从企业决策层角度出发，都并不构成影响企业决策的决定性因素，人工智能芯片设计领域内发生并购时，无论是出资方还是被收购方，二者目标一致，皆是为了优势互补，实现并购后企业的共同发展。而作为先进科技企业，企业决策者也势必不会在收购一家优势企业后打压其创新投入，这并不利于企业的发展。当然，这里的论述并不代表人工智能芯片设计行业中所有的并购都是有效的，但即使发生并购后的企业并未在创新层面加大突破，也更可能是受到技术迭代的影响，原有优势技术在新技术出现时也显得较为落后，而非企业本身策略导致内部故意打压创新活动，因此该现象的产生正是来自于人工智能芯片设计行业本身的发展特征，与上文对行业特征的论述保持一致。实际上，在人工智能芯片设计领域，从企业持股人角度而言，并购新兴企业对于人工智能巨头企业而言是符合企业利益的，而并购之后如果不能合理经营反而不符合股权人的利益，因此在企业利益层面同样不存在制约创新的理由。综上，传统文献所发现的并购制约创新的多重因素在人工智能芯片设计领域中是较为少见的，因此对相关不利因素直接做了排除。

(四) 行业中并购与创新的相互关系总结

综上所述，人工智能芯片设计行业领域中高强度的研发与企业之间大规模的并购都是常见商业发展模式，而二者结合则是头部企业常用商业决策，如此组合一方面保障了企业在市场先进技术研发中不掉队，保持了企业既有实力，另一方面也使得优势企业能够不断完善自身经营范畴，吸纳实时出现的行业内新兴优势创新。

具体而言，在人工智能芯片设计行业的当前发展阶段，技术发展与突破还远未达到天花板，市场发展格局也未形成稳定态势。身处前沿的高科技领域，该行业内企业的高强度研发作为科技优势形成的保障可以较好地维持与优化企业的技术实力，优化了企业经营能力，使得企业能够获得较高水平的利润，这基于企业可进一步广泛进行并购优势新兴企业的经济实力；高频率的并购作为积极的商业操作与运营，保障了优势企业能够获取市场中最优质最早出现的创新技术，减少了在科研上所走的弯路，优化了技术创新的方向，降低了企业研发的负担，也为深度研发提供了正确思路，科技层面深度融合的结果还可能产生协同效应。因此，在人工智能芯片设计行业现阶段发展过程中，并购对研发并无抑制作用，而且高强度的研发与高频率的并购可以相互促进，相互依托，协调企业发展，互为积极正向作用，因此二者成为巨头企业的有效商业投资策略组合。

上述这一逻辑关系因人工智能芯片设计行业对技术发展、技术与数据积累等因素的依赖而表现得极为透彻，是研究相关商业模式的典范，且正因为该行业特征以及该行业当前尚未处于发展的饱和阶段或终期阶段，技术路线与市场格局都有发生较大变动的可能性，本研究预期高强度的研发与高频率的并购双管齐下的商业模式将在很长一段时间内出现在该行业中，不会出现明显变化，即成为本行业内科技发展与商业竞争相结合的一类常态。

三 巨头企业的持续扩张性与新兴企业的被并购趋向

为对冲芯片设计中技术迭代引发的商业发展不确定性，行业内巨头企业往往会积极尝试在人工智能相关的多个领域进行布局，而不是仅限于专一研究某一项技术或者思路，因而对应出其在商业发展中的持续扩张；对应的，新兴的优势小企业则多处于被巨头企业收购的境地。

我们注意到，无论是因为在 GPU 架构上处于落后地位进而在产业链上下游多个领域进行高强度板块补齐的传统巨头英特尔，还是已经成为 GPU 领域绝对巨头但又返回传统路线对 CPU 进行研发设计，同时还致力于完善自身在数据中心等全面领域的技术业务范畴，并实时关注新型芯片架构的英伟达，都尝试让自身在人工智能相关领域的整个发展范围得到拓展与完善，所涉业务领域正逐步增多，这些巨头企业并没有停留于单方面某个领域的发展，而是试图将自身打造为一个"完整的人工智能企业"，这一特征符合人工智能芯片行业多家企业的发展路径。究其原因，如下因素值得参考。

人工智能芯片涉及领域的企业尤其是巨头企业都试图增加自身的市场势力，终极目的是形成一定程度市场势力。虽如上文所言，当前人工智能芯片设计领域内科技发展迭代性强，能一劳永逸的方向尚未被任何市场参与者发掘到，这使得稳定垄断格局较难形成。而且当前人工智能芯片设计行业还远没有饱和，虽然在局部市场有部分企业的市场实力很强（如英伟达在 GPU 市场的绝对领导势力），同时部分领域的技术进入壁垒较高，但既有较为成熟的技术思路如 GPU 并非是没有任何瑕疵，而新的改进设计思路即使当前存在着各种技术局限，也在不断为优化人工智能芯片提供尽可能有效可行的方案，未来在任何思路中都可能因为技术的革新而出现突破，对原先的设计思路带来颠覆式的影响与改变，这使得任何企业包括巨头企业在内都不敢对任意设计思路与技术发展掉以轻心，最好的策略与手段便是通过各类商业操作，起到的作用是不断地补齐自身在人工智能领域里的各个板块，这类似与资本投资市场中的投资对冲策略与组合策略。

因此，形成该行业特点的缘由是企业出于对技术迭代与市场地位两方面的考虑，一方面忌惮于新兴先进技术的出现导致企业既有技术处于落后地位，而自身若能获取先进技术则可以保持竞争优势，同时也防止新兴小企业成为日后超越自身的强有力竞争者，降低"行业中另一个英伟达"出现的概率，这是为了对冲技术迭代对企业发展的负面作用。另一方面是企业对市场竞争之后能获得较强市场支配地位的期望，希望自身在竞争过程中不掉队，能得到长足发展，不断提升自身市场集中度，从而在未来获取整个行业中的垄断势力，成为全领域巨头。当前市场激烈竞争不代表竞争格局会永远存在，当前市场格局表明发展阶段仍较为初级，人工智能芯片设计行业因其自身特性，决定了竞争的残酷性，但竞争背后的商业逻辑是企业对垄断地位的渴望，一旦能够出现在相对意义上能耗低、成效高、适应性极高的设计思路与技术问世之时，便势必将产生强有力的垄断企业。

事实上，这一点很早便引起了反垄断部门的关注与提前预判。以对新兴数字科技采取审慎态度的欧盟为例，近些年对谷歌、微软等优势科技巨头进行了众多反垄断审查，部分企业因为执行数字经济时代的相关垄断工具而遇到了天价反垄断罚款。而这些企业多涉及人工智能芯片设计等相关行业，这便是反垄断监管部门对未来垄断市场格局的预期做出的判断与决策，表明反垄断业内人士在现阶段便对人工智能科技巨头可能将获得巨大市场势力的担忧（王晓晔，2021）。

与此同时，当大企业考虑不断补充自身发展板块并忌惮小企业成长为新的强有力竞争者时，行业中小企业一方面怕技术与思路的革新跟不上行业发展脚步将直接面临被淘汰命运，另一方面如果能借助大企业在资金、平台、数据积累等众多方面的优势，那么企业未来发展可得到保障。这使得大企业试图通过并购等手段来让自身发展范围与经营业务变得更加完整时，小企业较优策略便是成为大企业一部分，这样对大小企业而言便实现了双赢。当然也不能排除人工智能芯片设计领域再出现"新英伟达"的可能性。但这便又回到上文所述，这种情形存在一定的偶然性，而且这并不影响资金优势大企业对新兴技术优势小企业的不断兼并这一商业发展模式。而这一点与平台经济中并购情形存在一定类似，即新兴企业的创新方向将一定程度上趋于有益行业垄断者的方向，以便让并购得以顺利发生（Bryan and Hovenkamp，2020）。

第五节 中国人工智能芯片设计行业发展现状

一 中国该行业呈现出中小企业较多大型企业稀缺的显著发展特征

当前，中国人工智能芯片设计行业中创新创业活动十分活跃，且诞生出了部分新兴优势的小企业。但与此同时，小企业较多，而大企业太少，难以形成行业中的合力。芯片设计领域中的中国巨头企业较为缺乏，对应于技术创新和商业发展的双重局限，即无法起到行业科技领导者与市场结构稳定者的作用。

由于中国各个产业都处于数字化转型的发展时期，对人工智能芯片的需求量巨大，同时涉及关键技术"卡脖子"的问题，人工智能芯片设计领域内的中国企业数量很多，相关创新创业活动极为丰富，从多个设计思路进行开发，试图在人工智能芯片设计市场占有一席之地，同时缓解技术封锁带来的不利影响。

在这些创新创业的企业中当前已经出现了表现优异者，如国内人工智能芯片独角兽企业深鉴科技因其在 FPGA 领域内的优异表现得到了 FPGA 架构开山鼻祖赛灵思的关注。2018 年，赛灵思成功收购了深鉴科技，该收购案成为人工智能芯片领域内少数外国优势企业主动收购中国新兴企业的案例，反映出赛灵思对深鉴科技既有科技成果与发展水平的肯定。[1]

然而中国当前在人工智能芯片设计领域仍面临较大发展困难。首先体

---

[1] 资料来源：https：//baijiahao.baidu.com/s？id＝1606283252149818141&wfr＝spider&for＝pc。

现在既有科技水平上中国与欧美国家在该领域既有差距较大，技术与设计思路上的劣势极明显，当前中国企业在该领域内的积极创新创业活动暂未能产生赶上欧美同行发展脚步的迹象，科技层面的追赶脚步迈得较吃力。这一点便体现在对较为成熟的 GPU 架构的掌握上。实际上，当前中国智能手机等领域受到外国政府与企业"卡脖子"较严重，除了生产工艺的落后，还有很重要的一方面便是在芯片架构上的落后，无法跟上当前全球领域最前沿的思路。

其次，当前中国在人工智能芯片设计领域中小企业占绝大多数，而大企业、行业领导者却极为缺乏，这便对中国人工智能芯片设计行业带来了两层负面效应：一是在研发层面，造成了在人工智能芯片设计领域内部分科研投入活动未能合理利用与集中人力等资源对重点难题进行攻坚，较难形成行业凝聚力。二是从市场竞争层面，在面临行业国际竞争时，外国巨头企业较多，如上文分析，当前新兴小企业在行业现行发展阶段多面临被大企业、巨头企业收购的境地，深鉴科技被赛灵思收购便是证明，一旦中国小企业在设计领域某一层面做得较好，便很可能被外国大企业看中。这对小企业来说未必是坏事，但面临当前国际上对中国进行的技术封锁，如此被外国巨头企业"掐尖"的并购对中国在该行业形成自主发展体系不利，而该行业中如果长期没有中国的大企业，类似情形还将反复上演，将一直难培育出中国自主大型设计企业，对市场格局存在长期不利影响。

因此，在人工智能芯片设计领域内，亟须中国自主的行业领导者产生，一方面能够协助形成科研投入上的凝聚力，尽可能缩小科技发展差距，另一方面在该行业内弱化跨国并购等国际商业竞争带来的潜在负影响，尽可能保护本行业内中国新兴优势初创企业，这便要求在行业结构和市场竞争中政府对相关商业行为提供法规等政策层面的适度支持。

二 该领域内中国企业在国际市场的并购历程

（一）人工智能相关领域中资企业的跨国并购历程

通过积极吸收优势创新，跨国并购有助于实现中国在相关产业的技术升级（马依璇等，2022）。然而，当前在高尖端科技层面，欧美国家政府对向中国的任何输出仍然保持着极为严厉的态度，且近年来对中国的封锁愈演愈烈，导致中资企业几乎不可能直接与欧美科技企业展开有价值合作。本行业亦是如此的，欧美等人工智能芯片行业优势国家对中国在技术传播上采取了严厉的限制措施，中国企业在本行业的国际商业活动参与度较低，较难与国际先进水平直接接轨。

如上所述，并购是人工智能芯片设计行业中常见商业策略，从商业发展角度而言，对出资方与被收购方都有益处，这一点可以拓展到整个人工智能相关科技产业，并尤其适用于类似中国处于后发地位或者技术劣势的国家。在整个人工智能产业链中，中国企业近些年也在积极布局，试图收购外国技术优势企业，但受限于外国政府尤其是美国政府的消极政策与强烈干预，收购工作进展一直不顺利，较多都以失败告终。以2016—2017年为例，表4-4给出了中资企业若干典型并购人工智能相关企业受阻案例的简单描述。

表4-4　近年来中资企业并购外国人工智能相关企业受阻代表性案例

时间	出资方	被收购方	并购受阻情形描述
2016年2月	华润微电子和华创投资	美国Fairchild	Fairchild公司担心美国监管部门会阻止而单方面停止了收购
2016年2月	紫光股份	美国西部数据	美国外国投资委员会介入，未通过该收购案
2016年11月	峡谷桥	美国莱迪思	美国外国投资委员会以国家安全为由否决了该并购
2016年12月	中国福建宏芯基金	德国爱思强	德国联邦经济部以信息安全可能受损为由撤回了该并购的批准
2017年9月	另一中资企业	美国莱迪思	这是中资企业第二次对莱迪思的并购尝试举措。时任美国总统的特朗普签署了命令，以保护国家安全为由禁止任何中资投资基金收购莱迪思

资料来源：根据公开新闻资料整理而得。

中国在人工智能产业整体中的多个层面都处于相对劣势地位，在芯片涉及领域的差距尤为显著，外国政府在并购上对中资企业造成的巨大阻碍对中国芯片设计领域吸收创新带来了更严重困难。随着当前国际局势的持续不稳定，这类困境并没有能在短期内得到明显缓解。

（二）典型成功并购案例

虽然并购上的商业进展因为国际技术封锁的原因存在较为明显的阻

碍，但中资企业也顺利实施了行业内的跨国并购，为中国企业吸收外国先进技术提供了支持。其中的典型案例即为峡谷桥成功收购GPU专利优势企业——英国Imagination公司。

长期以来中资企业收购外国人工智能芯片任意相关行业的企业都十分困难，但是也需要注意到，近年来仍有成功案例。其中极具研究价值的案例便是中资企业峡谷桥收购英国GPU设计架构企业Imagination，该案例背后商业启发较为丰富。2017年9月，中国私募投资基金峡谷桥斥资5.5亿英镑正式收购了英国Imagination公司。① Imagination成立于1985年，总部设在英国，曾为苹果供应图像处理器，所基于的芯片源自于GPU架构。Imagination从苹果所获营收一度占到企业一半盈利以上，在图像处理器领域与高通、ARM在芯片架构上并驾齐驱。但Imagination的处理器在2017年3月被苹果解除了商业合作关系，使得Imagination公司的股价短期内下跌超7成。这源于苹果开始自主研发GPU芯片，让Imagination的芯片架构无法应用于苹果的产品之中。除Imagination外，当前其他涉及GPU设计的企业多为美国企业，少数非美国企业如ARM（英国）先是被软银收购，现又成为英伟达的潜在收购对象。因此这些企业因为美国的技术封锁政策，都不太可能被中资企业成功收购，这使得Imagination的战略地位便显得非常重要。

表4-4显示，中资企业峡谷桥曾试图收购美国人工智能芯片企业莱迪思（业务涉及FPGA架构），但因技术封锁而遭到美国政府阻拦，导致并购失败。峡谷桥成功收购Imagination为中国填补了在GPU芯片设计的空白，该收购的成功实施对中国人工智能芯片设计行业而言是从零到一的突破。对中国来说，如上文所言，GPU领域的技术壁垒已然形成，重新开发此架构并不划算，发展方向并不明确，未必一定能有成效。Imagination公司拥有优势GPU专利，是全球三大人工智能知识产权供应商之一，又非美国国企，使其成为中资最理想的芯片设计收购对象。对于Imagination，由于此前诸多产品是为苹果定制，其被苹果抛弃后陷入了困难境地，短期内较难找到合适需求方，因此中国对人工智能芯片行业发展的需求与Imagination急于走出运营困境的目的相契合，且英国政府对外经济政策相对缓和。

总结峡谷桥并购Imagination的案例可得，正是因为处于合适商业时机，资本方在商业活动中积极作为，使得峡谷桥成功收购了Imagination。

---

① 资料来源：https://www.sohu.com/a/229253584_618572。

一是 Imagination 在结束与苹果合作后面临生存困难，也成为英国政府负担。二是相比于美国政府对中资的强烈排斥，欧盟部分国家态度相对中立，且这些国家大规模发展人工智能产业优势不足，使得其新兴小企业在中资企业支持下能够更好地发展。这些因素使得中资企业尚能在行业内实现跨国并购。

第六节　芯片制造行业创新发展情形：简析与比较

相比于本部分所涉及的芯片架构设计领域，芯片设计行业一方面在芯片相关行业中有着类似的重要性，是芯片产业链的核心组成，另一方面处于整个产业链的中下游领域，是芯片最终生产成型的关键环节。为了丰富本章关于人工智能芯片领域的研究工作，本节从人工智能芯片制造行业入手，进行补充性的简单分析，并与本章既有研究内容进行比较，论述芯片制造行业与本章重点内容芯片架构设计行业在创新发展上的相同性以及一些重要区别。根据公开资料所得，本节发现芯片制造行业具有如下四个方面的典型特征。

一　芯片制造行业具有更为显著稳定的寡头市场格局

当前，芯片制造行业中企业之间的集中度相比于芯片架构设计企业中"百花齐放"的竞争格局要更高。对应的，芯片制造行业中寡头竞争的市场结构要更为显著，且其内部的寡头结构要更为稳定。

根据《全球数字经济报告白皮书（2022年）》，截至2022年，全球有超过75%的芯片（不含存储类芯片）均是由专业的芯片代工厂制造。在芯片代工的典型企业中，台积电（中国台湾）一家企业的全球市场份额便占到了全球的六成以上。类似的芯片制造大型企业还有三星（韩国）、Global Foundries（格芯，美国）、联华电子 UMC（中国台湾）、中芯国际 SMIC（中国）、Tower Semiconductor 高塔（以色列）、力积电（中国台湾）、华虹宏力 HHGrace（中国）、世界先进 VIS（中国台湾）、东部高科（韩国）。这些企业的全球市场份额加总极高，几乎占据了全球所有的芯片制造行业。同时，由这些芯片制造头部企业的分布可以看出，区别于芯片架构设计行业中美国企业较为强势的现实情形，芯片制造优势行业在亚太地区的聚集程度较高，中国台湾地区和韩国在芯片制造领域有着显著的优势，这体现了该行业在全球地理层面上的典型分布特征与分工特点。对应的，这些企业让芯片制造行业形成了清晰的寡头竞争格局。此外，还值得关注的是，英特尔作为上文中所提及的芯片架构设计领域龙头企业，其近年来也尝试在芯片制造行业同样成为重要的角色，试图争取到有效市场份额。这与本研究在上述部分分析得出的英特尔在芯片相关产业链进行多领域布局以获得创新突破与竞争优势的商业思路是高度契合的。

稳定寡头格局与芯片制造行业对技术设备的依赖程度具有较大关联。该行业与现代工业生产联系较为紧密，所涉及的硬件设备往往需要较多的前期投入，进而对应的资金要求相比于芯片架构设计行业更高。这成为芯片制造行业形成寡头竞争格局的重要原因之一，将在下文得到更深入的论述。对工艺和技术的高要求让中小企业和初创企业出现了明显的准入障碍，寡头格局的形成在很大程度上源于行业整体的成本结构，其中设备层面的投入占据了较大的一部分。因此，本部分所重点论述的芯片架构设计行业由于在软件层面设计内容较多，对应的准入难度小于芯片制造行业，竞争氛围更为浓厚，各个企业实现"跨越式发展"的行业可能性更大，巨头面临被超越的风险更高。

这催生的市场结果是，虽然寡头格局在芯片架构设计行业中也较为明显，但技术迭代程度的强势形成的企业竞争让行业寡头格局的动态性程度较高。相比而言，芯片制造行业中的各企业竞争则对应着相对更为稳定的寡头市场结构，中小企业尚且难实现市场进入，遑论通过自身创新威胁在位巨头。这成为两个行业在市场结构上的重要差异之一，也称为影响创新路径的典型差别性因素。

二 芯片制造行业具有水平更高的技术创新壁垒

在人工智能芯片相关行业产业链中，按照技术要求的分类，设计、制造、封测是最为主要的三个大环节。其中，制造领域对工业技术的要求是极高的。当前，中国芯片领域面临的典型"卡脖子"技术问题之一，便来自于芯片制造环节中对光刻技术精度的把握，如何提高光刻精度成为难题。在光刻技术设备层面，这主要对应的是来自荷兰 ASML 公司生产的光刻机。此外，全球另外两家生产光刻机的企业是来自日本的 NIKON 和 CANON，而 ASML 公司是光刻机领域全球最为优质的企业，拥有最尖端的光刻机生产技术。此外，叠加上类似于上文中芯片架构设计领域所遇到的国际流通阻碍因素的影响，光刻机设备成为制约中国芯片制造能力的重要来源。当然，芯片制造不仅仅只需要光刻机技术这一项，还有一系列重要技术所需要的必要条件。表4-5列出了芯片制造中的主要技术环节。

表4-5　　　　　　　　芯片制造行业关键技术类型

技术类型	主要工艺
光刻技术	利用光刻技术将芯片设计图形投射到硅片上，并形成图案和结构
离子注入技术	通过离子注入技术将掺杂物注入硅片中，改变硅片中的电子特性
化学蚀刻技术	通过化学蚀刻技术去除硅片表面的不需要部分，形成电路结构
氧化技术	利用氧化技术，在硅片表面形成氧化层，用于隔离电路，保护芯片
金属沉积技术	通过金属沉积技术，在芯片表面沉积金属，用于连接电路
热处理技术	通过热处理技术，将硅片和金属层加热，使其产生物理和化学变化
晶圆切割技术	通过晶圆切割技术，将硅片切割成单个的芯片，用于组成电子器件

资料来源：根据公开资料搜集整理而得。

需要说明的是，表4-5的这些技术是芯片制造过程中所需要的最基本的技术，同时也是最重要的技术。而除了这些技术之外，芯片制造还需要用到许多其他的先进技术，例如微影技术、纳米技术、3D封装技术等，这些技术也都是半导体芯片生产所需要的关键技术。

因此，从以上内容可以发现，从技术层面上而言，芯片制造领域相比于芯片架构设计所要求的创新门槛更高，技术门类更为丰富，所需要的硬件设备条件更为复杂。结合芯片制造领域较为稳定的寡头竞争结构，这表明该领域的行业创新壁垒是非常明确的，一般中小型企业尝试进入该行业的难度是较大的，大型企业基于既有优势更容易成为市场进入者和占有者，中小企业获取优势创新的难度显而易见。行业技术创新壁垒程度上的差别是芯片制造领域与芯片架构设计领域的另一典型差异点。

三　芯片制造行业具有类似高水平的企业间并购频率

虽然芯片制造行业中的寡头竞争结构相对而言较为稳定，且行业技术创新壁垒较高，一般中小型企业难以获得准入资格，但类似于芯片架构设计领域，芯片制造领域中企业并购的频率也处于较高的水平，与高水平的企业创新投入并驾齐驱。

这一点在本质原因上与芯片架构设计企业是类似的，即芯片制造企业为了强化自身竞争优势，巩固与扩大市场份额，除了进行高强度科技研发投入之外，同样会在并购的商业操作上进行较大投入。在芯片制造行业中，典型的并购案例有：2022年2月15日，英特尔宣布收购半导体代工厂高塔半导体（Tower Semiconductor），交易总价值约为54亿美元，以补强芯片代工能力；2022年11月，安世半导体宣布收购了2016年成立的荷兰半导体公司Nowi。据悉，Nowi的PMIC结合了超小的PCB封装、超低的BOM成本，以及出色的平均采集性能。在安世半导体的制造能力及其全球基础设施强有力的加持下，Nowi能够加速这些解决方案的生产过程，快速实现更大规模的生产以及运输；2021年10月，SK海力士宣布将要斥资5758亿韩元来收购韩国的启方半导体公司，并表示将通过这次收购来提高8英寸晶圆代工的产能。

上述这些都是芯片制造领域中的典型并购相关案例，表明并购同样是该行业中企业常用的商业竞争方式，行为发生的频率较高，与芯片架构设计领域有着一定的相似性。具体而言，芯片制造行业中企业并购频率较高这一现象的发生主要来自于如下两个大的方面。

一是行业内技术复杂性对并购提出了极高的要求。如上文所述，芯片制造行业有着复杂的技术工艺，对应着高水平的技术要求。在分工细化的行业之中，除了自研获得优势技术创新之外，通过并购来优化自身技术，进而提高产生，降低生产成本，成为芯片制造企业可以选择的重要渠道，让并购在该行业内发生的频率处于较高的水平。

二是行业中企业间竞争对并购产生了强烈的需求。这与芯片架构设计领域在商业运营与竞争的逻辑上是高度类似的。通过并购形成竞争优势是芯片制造行业中企业不得不进行的选择。当竞争对手通过并购获得竞争优势后，企业不得不也在行业中进行优势资源和合作伙伴的搜寻，通过并购来维持和扩大企业发展优势。换言之，虽然芯片制造行业中的寡头竞争格局相比于芯片架构设计行业更为稳定，但这并不代表既有优势企业或者头部企业可以"躺平"，各企业之间的优势创新竞争依然存在，技术优势集中和后发创新对在位者依然会形成挑战。同时，行业国际地理分布表明，芯片制造优势企业在亚太地区分布较多，但欧美芯片相关优势企业的势力是极为雄厚的，通过并购扩充产业链布局成为英特尔等欧美企业的重要选择，如英特尔便有意收购芯片制造企业高塔半导体（Tower Semiconductor）。这便对亚太地区企业提出了潜在挑战，倘若不进行持续的创新改善，未来的发展前景则将"受制于人"。此时，并购成为重要可行手段。

四 芯片制造行业中国企业具有更高认知度和商业成就

相比于芯片架构设计行业中中国企业市场知名度较小的情形，芯片制造行业中的中国企业已经获取了较高的知名度和较为优异的商业成绩，并在不断致力于通过弱化"卡脖子"问题的影响，逐步成为芯片制造领域中的国际大型企业。

除了较为知名的中芯国际之外，还有诸多中国芯片制造企业都成为芯片制造领域的优势企业，典型如华虹宏力HHGrace、上海灏谷集成电路技术有限公司、深圳安博电子有限公司、江苏中科智芯集成科技有限公司、北京旭普科技有限公司、中关村芯园（北京）有限公司、苏州甫一电子科技有限公司等一系列芯片制造企业。

当前，中国芯片制造企业正在不断缩小与国际巨头之间的差距，芯片生产工艺得到了有效提升，取得了令人瞩目的商业化成绩。由2023年3月28日中芯国际发表的2022企业年报来看，其营收、净利均创下历史新高。其中，中芯国际的企业总体营收实现495.16亿元，同比增长39%；归母净利润121.33亿元，同比增长13%；扣非净利润97.64亿元，同比增长83.4%。2022年中芯国际总产量达751.1万片（折合8英寸晶圆约当量，下同），晶圆月产能为71.4万片。而销售晶圆的数量由上年的674.7万片增加5.2%至709.8万片。平均售价由上年的4763元上升至本年的6381元。从在晶圆尺寸分类看，8英寸占比33.0%（上年同期36.1%），12英寸营收占比67.0%（上年同期63.9%），由此也可体现2022年成熟制程颇受市场青睐。类似的，华虹宏力HHGrace也取得了优异的商业成就，目前已成为全球大型芯片制造企业。在商业举措上，中芯国际等企业也选择了加强自身创新投入和提升并购频率两条道路并举的前进之路。当然，受限于类似的国际原因，目前中国芯片制造企业主要并购依然以本国企业为主，跨国并购同样受到严重限制，成为"卡脖子"技术障碍目前较难通过跨国商业流通获得有效缓解的重要原因之一。

除了芯片企业自发的创新发展外，在新型举国体制的支持之下，可以预期到这些企业将持续获得产业扶持层面的有效帮助，为企业发展产生源源不断的新动力。当然，企业自身在科技创新能力上的突破依然是其屹立于市场中的关键。伴随着中国芯片市场规模和产业需求的不断扩大，需要中国芯片制造企业在广阔市场中成为中坚力量。在上述的芯片制造领域一系列关键技术中获得重要突破，将成为企业缓解"卡脖子"问题的重要市场化手段，并体现有为政府的重要作用。

第七节 小结

人工智能芯片行业是人工智能相关行业发展的基础，而芯片的架构设计行业又在人工智能芯片相关产业链中占据着极为核心的位置，对应了极为丰富的技术创新发展与商业布局竞争的内容。基于本章对人工智能芯片设计行业的梳理与分析，结合行业特征与发展规律，本章研究为中国人工智能芯片设计行业提出如下四条政策与发展建议。

第一，从行业结构而言，需要积极培育中国人工智能芯片设计行业中的大型企业，增强中国在相关行业市场的凝聚力。在不违背市场公平竞争原则与反垄断法等经济法规的情况之下，政府可适度鼓励行业内中国企业之间进行兼并，适度增加行业集中度，促进优势技术与设计思路能够有效聚集，让行业有效资源能够得到更合理的利用，提高科技创新活动有效性。相关行为的目的是尽可能多地形成多家中国人工智能芯片行业的巨头企业，能与欧美同行尤其是诸多头部企业在行业中形成有力竞争，挑起科研攻坚与稳定市场结构的双重大梁。

当前，中国在人工智能芯片设计领域内缺乏领导者与大型企业，而亟须大企业承担起协调行业发展及推进技术攻坚的重任，为此需在当前提高该行业内中国企业的集中度，在遵守经济法规要求的同时，对该行业内的商业合作行为进行支持与鼓励，让优势企业能够在政策保护下积极成长，而不是在发展初期便被欧美同行占有，以期催生出一批在企业规模、经营范围、科研投入上都有着较强实力的中国大企业、巨头企业，能够协助形成行业合力，稳定与推动市场发展。这一观点并不与维持市场经济竞争秩序发展完全矛盾，如在反垄断审查上持较严格态度的美国政府于今年出台了《无限边疆法案》，对高科技创新持积极鼓励态度，在制度上为其铺路，将其行业特性与一般性的市场结构发展进行必要区分。同时，美国政府也长期致力于积极维护任何市场的合理竞争秩序，这二者之间并不存在矛盾。实际上，诸如《反垄断法》等维护市场竞争秩序的经济法规约束行业垄断者不端行为的重要目的之一，便是弱化垄断者对新型创新的打压与扼杀，而当前人工智能行业整体在全球范围内都尚处于发展较为初级的阶段，并购等会引起反垄断规制领域重点关注的商业策略在人工智能芯片行业对创新的负面影响较弱，相反二者相互促进的情形更为常见。尤其是中国，当前在此行业中的集中度较低，还远未达到能够形成垄断抑制创新的地步。此时，对该行业进行严格约束反而对促进创新不利，应用对一般行业甚至发展饱和行业适用的经济法规来约束人工智能芯片行业的商业行为并未能起到积极作用，而相关商业策略对企业发展的正向激励作用存在性更大，且短期内不会违背反垄断法规的精神内涵，所以在制度层面可以适当对该行业中的企业"开绿灯"，对相关商业行为不仅不应限制，反而可采取支持态度，减少企业在政策与法规上的所需承担的负担与时间成本，激励企业迅速发展，形成行业凝聚力，培养出该行业中本土巨头企业，在承担起在科研攻关重任的同时也降低中国新兴小企业一旦出现优势技术创新便被行业中外国巨头收购的频率。

第二，从芯片研究角度而言，要鼓励中国人工智能芯片设计领域的相关企业与有关科研机构从多个维度多个方向进行突破，不断更新人工智能芯片设计领域的开发角度与研究思路，不仅要充分理解与消化现有的较为先进的技术路径与发展思路，弱化技术壁垒，还需要积极尝试新的研究与设计方向，另辟蹊径寻找可以实现行业跨越式发展的设计发展路线。

当前，人工智能芯片设计行业虽然存在一定技术壁垒，如 GPU 领域，中国在多个领域的既有差距都较大，但如本研究所言，行业当前尚未发展到形成稳定的垄断格局，既有巨头也对多个方向保持了关注与投入，仍有不少潜在技术路线可供行业内中国企业进行尝试与突破。因此在政府对该行业多角度的积极有力支持下，中国企业可从多个维度在人工智能芯片设计行业内发力，不断更新人工智能芯片的研究与设计思路，从设计角度拓宽发展方向，而且可从实际应用角度增强新思路适用性，提高理论发现与突破可大规模实际应用的可能性，促成优质创新和技术突破，从而为实现跨越式发展提供契机。

第三，政府在该行业中制定的产业政策应突出针对行业全体企业的普惠性，而不应指明或强调具体的技术路线，降低扶持政策出现失效的可能性。

政府可在该行业中实施相应的产业政策扶持企业发展，而针对对象的选取则涉及扶持政策的有效性程度。对应于第二条政策建议的相关分析，当前，该行业中技术路线尚未完全饱和，能起优化作用的新思路不断出现，且技术迭代性极强。因此，若政府执行对技术路线提出明确要求或目标的产业政策，则可能面临失效风险，而有希望实现技术跨越的设计架构却可能因与政策的具体目标不相符，进而无法获得政策支撑，导致发展困难。因此，在人工智能芯片设计行业中，政府制定的产业政策应具有普惠性，让行业内所有企业的潜在研究路线都能享受到政策层面的有力支持，在各自研究方向大胆进行深度尝试，促进优势技术路线的落地，以此合理助推中国企业获取在行业中实现跨越式发展的机遇。

第四，行业内中资企业要积极熟悉国际相关商业法规与外国当地经商环境，适时地通过积极商业操作完成对外国技术与涉及思路优势企业的并购，充分吸收其技术优势。对于行业中涉及跨国贸易的中资企业，政府应为其进行海外商业操作提供尽可能有效的投资平台、商业信息与贸易渠道。

并购等商业合作仍然是较长一段时间内人工智能芯片设计行业中吸收与获得先进创新的重要方式，虽然当前国际局势不稳定，欧美国家在人工智能这一高科技领域的几乎整个产业链对中国的技术封锁都极为严格，但国际市场的发展是多变的，机会是创造出来的。以中资企业峡谷桥成功收购 Imagination 为例，在本行业内并非没有任何类似商业机遇。这便需要中资企业积极把握住机会。为此中资企业要积极融入外国商业社会，熟悉外国商业与法制环境，摸清当地市场商业规律，以此探寻合理商业机遇，找准时机试图对行业内外国优势企业进行并购等操作。一旦操作成功，便可以积极吸收外国优势企业的既有先进技术创新，为中国企业在该领域打开技术突破口增添新可能。对于政府而言，在行业内相关企业（科技企业与投资企业等）融入外国市场过程中，政府可为其提供相应支持，帮助企业更好地熟悉外国商业、法律与政治环境，搭建合理投资平台，向企业提供有效信息以及进行相关商业操作的渠道，以便于中资企业在行业内积极展开商业操作，找准时机吸收外国优势技术创新。

第五章 市场结构与机器人技术扩散

第一节 引言

新一轮技术革命蓄势待发,以数字化、网络化、智能化为特征的新一代信息技术与制造业深度融合,正在引发影响深远的产业变革。全球主要发达国家纷纷加大战略布局力度,抢占全球技术和产业竞争制高点。其中,机器人技术的研究和应用是现代先进制造业的重要标志,在全球范围内得到了各发达国家的空前重视,如美国的"国家机器人计划"、欧盟的"SPARC 机器人研发计划"、日本的"机器人新战略"等。这充分表明机器人尤其是工业机器人对国家经济发展的重要性。中国政府高度重视机器人技术的研发和应用,将机器人产业规划为重点发展的战略性新兴产业,出台了一系列支持工业机器人产业发展的政策(表 5-1)。

表 5-1　　　　　　　中国支持工业机器人发展的政策

时间	支持政策	主要内容
2012 年 4 月	《智能制造科技发展"十二五"规划专项》(科技部)	实现工业机器人及其核心部件的技术突破和产业化
2012 年 5 月	《高端装备制造业"十二五"发展规划》(工信部)	重点开发工业机器人与专用机器人、精密传动装置、伺服控制机构等典型的智能测控装置和部件并实现产业化

续表

时间	支持政策	主要内容
2012 年 7 月	《"十二五"国家战略性新兴产业发展规划》	突破自动控制系统、工业机器人等感知、控制装置及其伺服、执行、传动零部件等核心关键技术,提高成套系统集成能力,推进制造、使用过程的自动化
2013 年 12 月	《关于推进工业机器人产业发展的指导意见》(工信部)	开发满足用户需求的工业机器人系统集成技术、主机设计技术及关键零部件制造技术,突破一批核心技术和关键零部件,提升量大面广主流产品的可靠性和稳定性指标,在重要工业制造领域推进工业机器人的规模化示范应用
2015 年 2 月	《增强制造业核心竞争力三年行动计划(2015—2017 年)》(国家发改委)	整机系列化产品开发应用及数字化生产方式改造、关键零部件研制及示范应用、第三方检验检测能力建设
2015 年 5 月	《中国制造 2025》	突破机器人本体、减速器、伺服电机、控制器、传感器与驱动器等关键零部件及系统集成设计制造等技术瓶颈
2016 年 3 月	《机器人产业发展规划(2016—2020 年)》(三部门)	实现机器人关键零部件和高端产品的重大突破,实现机器人质量可靠性、市场占有率和龙头企业竞争力的大幅提升,以企业为主体,产学研用协同创新,打造机器人全产业链竞争能力,形成具有中国特色的机器人产业体系
2017 年 12 月	《增强制造业核心竞争力三年行动计划(2018—2020 年)》(国家发改委)	研究布局新一代智能机器人、推动典型领域示范应用

续表

时间	支持政策	主要内容
2016年11月	《"十三五"国家战略性新兴产业发展规划的通知》（国务院）	构建工业机器人产业体系，全面突破高精度减速器、高性能控制器、精密测量等关键技术与核心零部件，重点发展高精度、高可靠性中高端工业机器人
2017年7月8日	《新一代人工智能发展规划》（国务院）	攻克智能机器人核心零部件、专用传感器，完善智能机器人硬件接口标准、软件接口协议标准以及安全使用标准。研制智能工业机器人、智能服务机器人，实现大规模应用并进入国际市场
2021年3月	《"十四五"规划和2035年远景目标纲要》	培育先进制造业集群，推动机器人、先进轨道交通装备、高端数控机床、医药及医疗设备等产业创新发展

资料来源：笔者根据国家政策文件整理。

在此背景下，中国工业机器人安装量和保有量均强劲增长（图5-1）。2018年，中国工业机器人新增安装15.4万台，工业机器人保有量达64.9万台，均位列全球第一。然而，由于中国工业机器人技术的研究和应用起步较晚，工业机器人使用密度仍然比较低。2018年，中国工业机器人使用密度140（每万名员工），远低于发达国家的水平，如新加坡的831，韩国的774，德国的338，日本的327。近年来，中国资源和环境约束不断强化，劳动力成本持续上升，制造业亟须转型升级。因此，如何进一步推动工业机器人在制造业中的应用，提升中国工业机器人使用密度，具有十分重要的现实意义。这就是本章的研究主题：工业机器人技术扩散规律。

当前相关文献大多侧重考察机器人技术应用对经济增长和劳动力市场的影响。这些研究证实了机器人技术应用对经济增长的积极作用：宏观上促进经济增长和提升全要素生产率（Graetz and Michaels, 2018；杨光和侯钰，2020），推动服务业转型升级（王文等，2020）；微观上提高企业劳动生产率（Acemoglu et al., 2020a；李磊和徐大策，2020）。同时，机器人应用短期内会替代劳动力,降低企业对劳动力的需求(Autor and Salomons,2018;Acemoglu and Restrepo,2022;王永钦和董雯,2020;Acemoglu et al.,2020a),尤其是低技能、低学历劳动力的需求,导致"技术性失业"(孔高文等,2020),加剧收入不平等,降低生产工人的工资(Acemoglu and Restrepo,2018c)。但是,在中长期内,机器人应用可能促进就业并提升工资(孔高文等,2020)。这些研究表明进一步提升工业机器人使用密度的重要意义,但是较少涉及工业机器人应用推广这一重要问题。如何理解不同行业的机器人使用密度的差异?机器人技术在不同行业中的应用和扩散有何种规律?本章首先通过深入的实地调研总结了中国工业机器人应用的典型事实,然后基于这些典型事实从理论上和实证上研究市场结构对机器人技术扩散的影响。与已有文献不同,本章没有使用Autor et al.(2003)的建模思路,假定机器人可替代劳动完成特定任务,机器人应用程度高意味着机器人可替代劳动完成的任务越多,而是从既定市场结构下的企业生产决策出发,建立了一个产业组织理论模型研究机器人技术扩散规律,因为是否采用机器人生产是企业在既定市场环境下权衡成本与收益的生产决策。

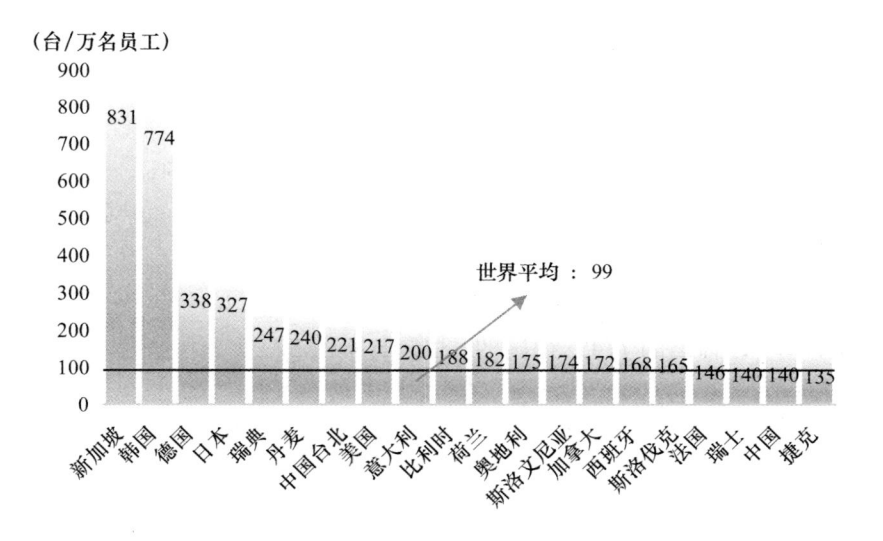

图 5-1 2018 年全球工业机器人使用密度前十五名

（台/万名员工）

新加坡 831；韩国 774；德国 338；日本 327；瑞典 247；丹麦 240；中国台北 221；美国 217；意大利 200；比利时 188；荷兰 182；奥地利 175；斯洛文尼亚 174；加拿大 172；西班牙 168；斯洛伐克 165；法国 146；瑞士 140；中国 140；捷克 135

世界平均：99

资料来源:IRF,2019。

本章的贡献有两点：第一，本章考察了市场结构对机器人技术扩散的影响，从理论上分析了不同市场结构下企业采取机器人生产的策略性行为，并利用经验数据检验了理论分析结论。第二，本章基于实地调研观察的经验事实，对机器人技术扩散尤其是企业采取机器人与否的策略性行为进行了理论建模，并基于此分析了市场结构变动对机器人技术扩散的影响，为后续研究机器人技术扩散规律提供了借鉴。

第二节　调研发现

本章首先从实地调研的经验出发，提炼出中国工业机器人应用的特征事实，以此作为对机器人技术扩散的建模基础。2019—2021 年，笔者曾多次赴广东深圳、广州、东莞和浙江温州等省市专题调研中国人工智能产业和工业机器人应用情况。具体而言，2019 年 8 月 20 日至 8 月 23 日和 2019 年 9 月 18 日至 9 月 19 日，先后两次前往深圳调研人工智能产业发展和应用情况，重点包括地方政府和深圳有代表性的人工智能企业。2020 年 9 月 23 日至 9 月 25 日，前往广东省广州和东莞两地调研制造业中人工智能应用情况，包括汽车制造、船厂、电梯制造、机器人制造等行业。2021 年 5 月 10 日至 5 月 13 日，前往浙江省温州市调研人工智能在汽车减速器制造、低压电器制造、服装制造等行业中的应用情况。基于这些实地调研，我们首先系统总结梳理出几个人工智能和机器人在制造业应用的微案例，然后结合与政府相关部门的座谈，提炼出当前中国工业机器人产业发展的几点特征事实。

第一，工业机器人渗透难，推广应用进程缓慢，对劳动力市场影响仍不显著。工业是高度垂直化的，垂直领域之间的工业机理不通用。同时，工业细分行业较多，且不同细分行业内生产线、工艺、产品规格差异大，但工业又追求生产稳定性和成品率。而且，即便是同行业同产品，不同企业对工艺、产品的理解不一样，其自动化的路径和工业机器人的应用也会完全不一样。因此，与商业智能不同，工业中将人的经验固化到机器上更难，因而基于数据的经验固化、产业化过程比较漫长，尤其是当前工业领域数据积累量仍比较少。当前，广东省 80% 的企业仍处在向自动化转型的工业 3.0 阶段，万里挑一有一两家自动化工厂，例如深圳富士康的灯塔工厂（108 台自动化设备，节省 280 人）。但是，相较于用工规模，当前工业应用机器人技术的密度较小，还没有对劳动力市场带来显著的冲击，对企业用工需求影响也不大。

第二，工业机器人的应用和建立自动化产线是工艺流程创新，不是产品创新。本质上是更好的生产是以更低的成本生产更好的产品。企业是否进行机器换人，取决于短期固定成本投入和长期平均生产降低之间的权衡。目前，由于机器换人的前期投入比较大、成本高，企业采取机器人生产的积极性不高，工业机器人仍未进入大规模推广应用阶段。但是，劳动力成本上升和"用工荒"是促进企业进行产线改造和机器换人的重要影响因素。

第三，制造业人工成本明显上涨。近年来，中国人工成本上升，尤其是长三角、珠三角地区的人工成本快速上涨，但企业还是面临"用工荒"问题，很难招到合适的劳动力。人才结构性问题较突出，年轻人的就业观念发生改变，年轻人熬不住，研发人才留不住，高级技工抢着要。因此，企业进行"机器换人"一定程度是被逼的。

第四，利用工业机器人进行自动化智能化改造的一次成本投入很高，而且对市场容量特别敏感。一般而言，企业进行比较彻底的信息化自动化智能化改造，需要重新建立新的生产线，所有的设备都需要升级换代，从零开始，而无法基于原有的设备、原有的产线进行简单的技术改造，前期投入巨大。所以，工业机器人在企业中的大规模应用也需要权衡前期投入新产业和产线之间效率的提升。再有，新建产线的前提是企业必须能够获得足够的市场需求。否则，企业新建了高效率的生产线，但因市场量不够大，生产一天，停工三天，也不能获得多少额外的收益。因此，企业不愿意投入提高企业的自动化智能化程度，有可能是这种效率的提升并不能增加多大的额外收益。而且，有些环节，自动化在技术上可以实现的，但是因成本原因企业也不会投入改造。因此，企业的自动化改造不是连续的、间断的，需要等到技术足够成熟才可能扩散。

第五，企业进行数字化智能化改造过程中，观念的改变和提升很重要。企业在进行数字化智能化改造中，关键就是真正开始做相关的项目，一方面可以为企业后续数字化改造供应懂数字化、智能化，又懂工艺的人才队伍，另一方面也为企业后续改造提升，节约成本提供了相关案例基础。数字化智能化改造与传统的设备投入不同，后续可能还需要二次提升，企业需要拥有这样的人才才能充分实现和利用数字化自动化智能化，否则需要非常好的供应商，能够持续满足企业的新需求。因此，一般而言，企业需要拥有相关的人才。

总之，当前中国工业机器人应用程度不高且对劳动力市场的影响有限，因而研究如何进一步推动工业机器人应用则更为紧迫。这也是本章的研究初衷。由于采用机器人生产本质上是流程创新，企业短期内投入固定成本建立购买机器人，但长期可以降低生产成本。因此，在以下的理论模型中，本章将机器人技术建模为企业可以投入一定的固定成本，降低单位生产成本，暂时没有考虑其对产品质量的影响。

第三节 理论分析

既有理论模型大多采用 Autor et al.（2003）的建模思路，重点关注机器人替代劳动力的技术可能性：假设机器人可替代劳动完成特定任务，机器人应用程度高意味着机器人可替代劳动完成的任务越多。但是，以上实地调研表明，抛开技术原因，企业是否采用机器人生产面临着短期固定成本与长期收益之间的权衡。即便技术上是可行的，如果收益不足以弥补固定成本，企业也不会采用机器人或提高自动化程度。基于此，本章从企业成本收益权衡出发，建立如下理论模型，重点考察市场竞争环境对机器人技术扩散的影响。

考虑一个古诺竞争模型。假定市场上有 n 家企业，每家企业都可以用单位成本 c，生产完全同质化的产品。企业之间进行数量竞争。每个企业都可以决定是否投入固定成本 F，采用机器人生产，进行自动化改造，将单位生产成本从 c 降低至 $c - \Delta c$。产品市场需求为：

$$p(q_1, q_2, \cdots, q_n) = a - b(\sum_i q_i) \tag{5.1}$$

为了研究企业采用机器人的激励与市场结构之间的互动，我们假定采用机器人的固定成本 F 短期内变动不大，而集中考察企业从采用机器人生产可以获得的额外收益。在同等条件下，当企业能够获得的额外收益越高时，企业采取机器人的激励更高，机器人技术扩散更容易，机器人技术应用程度也就更高。反之，如果企业从采用机器人生产所获的收益很低时，更不容易弥补前期的固定成本，机器人使用密度也就更低。

本章的目的是考察市场结构如何影响工业机器人技术扩散。我们用市场上企业数量 n 衡量市场集中度：当 $n = 1$ 时，市场结构为完全垄断，当 $n = 2$ 时，市场为双寡头垄断结构，而 $n \geqslant 3$ 时，我们假定市场为垄断竞争或竞争性的。因此，本章研究的重点就是考察市场上企业数量 n 如何影响企业采用机器人生产获得的额外收益。我们首先比较完全垄断结构和双寡头结构下，企业采用机器人生产的激励，然后再考察一般情况。

一 垄断与寡头垄断市场结构的考察

在垄断市场下，垄断企业不采用机器人和采用机器人生产的最大化利润分别为：

$$\pi_m^* = \frac{(a-c)^2}{4b}; \pi_m^{*r} = \frac{(a-c+\Delta c)^2}{4b} - F \quad (5.2)$$

当企业采用机器人生产的利润大于不采用机器人生产的利润时，即 $\pi_m^{*r} > \pi_m^*$ 时，企业会选择采用机器人生产。采用机器人投入的固定成本 F 需满足：

$$F < \Delta \pi_m = \frac{\Delta c(2(a-c)+\Delta c)}{4b} \quad (5.3)$$

同样的，在双寡头垄断市场结构下，若两家企业都没机器人生产的市场均衡，任意企业的均衡产量和均衡利润：

$$q_i = \frac{a-c}{3b}, \pi_i = \frac{(a-c)^2}{9b} \quad (5.4)$$

考虑两家企业采用机器人生产的动机，则市场可能存在三种情形：两家企业均采用机器人生产，只有一家企业采用机器人，或两家企业都没企业采用机器人生产。若两家企业都采用机器人生产，则市场均衡为：

$$q_i^r = \frac{a-c+\Delta c}{3b}, \pi_i^r = \frac{(a-c+\Delta c)^2}{9b} \quad (5.5)$$

同时，企业采取机器人收入所需投入的固定成本必须小于企业采用机器人进行生产可以获得的额外利润，即

$$F < \Delta \pi_{1\&2} = \pi_i^r - \pi_i = \frac{\Delta c(2(a-c)+\Delta c)}{9b} \tag{5.6}$$

类似的,若只有一家企业采用机器人生产(假定为企业1),则采用机器人生产企业的均衡产量和均衡利润为:①

$$q_1^r = \frac{a-c+2\Delta c}{3b}, \pi_1^r = \frac{(a-c+2\Delta c)^2}{9b} \tag{5.7}$$

此时,企业1采用机器人生产可以获得的额外利润为:

$$\Delta \pi_1 = \frac{4\Delta c((a-c)+\Delta c)}{9b} \tag{5.8}$$

为了保证企业1确实有激励采取机器人生产,采用机器人的固定成本必须满足:

$$F < \Delta \pi_1 \tag{5.9}$$

为了确保另外一家没有采用的机器人的企业(企业2)在看到第一家企业采用机器人之后,不会有激励采用机器人,采用机器人生产的固定成本还需要满足:

$$F > \Delta \pi_2 = \frac{2\Delta c(a-c)}{9b} \tag{5.10}$$

此时,企业2采用机器人生产所获的额外收益小于其固定成本投入。

比较垄断和双寡头垄断市场结构下,企业采用机器人生产的条件,我们可以推导如下定理:

定理1:(1)垄断市场结构下企业采取机器人的激励一定大于双寡头市场下两家企业均采用机器人生产的激励;

---

① 注意,我们假定机器人生产技术是非颠覆性创新,一家企业采用机器人生产不会完全迫使另外一家企业停产,采用机器人生产的企业不会占领整个市场,成为新的垄断企业。即 $a - c - \Delta c > 0$。

(2) 当采用机器人生产节约的单位生产成本比较大时,即 $\Delta c > 2(a - c)/7$ 时,双寡头市场上只有一家企业采用机器人生产的激励高于垄断市场,反之,垄断市场下企业采用机器人生产的激励更高。

直觉上,企业是否采用机器人生产取决于其短期固定成本投入与单位平均成本的节约。在垄断情况下,市场只有一家企业,企业获得全部的市场份额,均衡产量高于双寡头市场下任意企业的均衡产量,因而采用机器人生产所能够节约的总平均成本更大。因此,垄断市场结构下企业采取机器人的激励一定大于双寡头市场下两家企业均采用机器人生产的激励。

但是,双寡头市场下,两家企业之间存在策略性竞争。任意一家企业采用机器人生产,都可以抢占另外一家企业的市场,获得更大的市场份额和均衡利润,即存在竞争效应。当采用机器人生产所可以节约单位平均成本足够高时,这种竞争效应就会使得其中一家企业采取机器人生产的激励高于完全垄断企业的激励。反之,则竞争效应不够强,垄断企业仍更有激励采取机器人生产。

因此,在采用机器人技术生产效率足够高时,双寡头市场比完全垄断市场更有利于机器人的初期推广使用(只有一家企业采用的情况)。反之,垄断市场更有利于机器人技术扩散。

二 一般情形的考察

假定市场上所有企业都没有采用机器人进行生产,则古诺竞争下市场均衡结果为,对于任意企业 i,均衡产量和均衡利润为:

$$q^*(i,n) = \frac{a-c}{(n+1)b}, \pi^*(i,n) = \frac{(a-c)^2}{(n+1)^2 b} \tag{5.11}$$

由于市场上有 n 家企业,市场可能出现是否采用机器人的情况组合有很多种。我们重点考察边际上的企业采用机器人生产的激励,即假定市场已经有 $m-1$ 个企业采用机器人生产,考察第 m 家企业是否采用机器人生产的激励。当边际企业 m 采用机器人生产的激励提高时,整个行业的机器人使用密度也就更高。

为简单计,我们假定,机器人技术的普及没有使得不采取机器人生产的企业停止生产,即不采用机器人生产的企业的均衡产量大于零:

$$q^*(m+j,n) = \frac{a-c-(m-1)\Delta c}{(n+1)b} > 0 \qquad (5.12)$$

这一条件必须在市场上采用机器人生产的企业很多时仍然成立，即当市场上有 $n-1$ 家企业采用机器人生产，第 n 家企业仍然不会停止生产，即①

$$\Delta c < \frac{a-c}{n-1} \qquad (5.13)$$

考虑第 m 家企业是否采用机器人生产的激励。第 m 家企业不采用机器人生产的收益和采用机器人生产的均衡利润分别为：

$$\pi(m,n) = \frac{(a-c-(m-1)\Delta c)^2}{(n+1)^2 b},$$
$$\pi^r(m,n) = \frac{(a-c-[n-(m-1)]\Delta c)^2}{(n+1)^2 b} \qquad (5.14)$$

因此，第 m 家企业采取机器人生产能够获得的额外收益为：

$$\Delta\pi(m,n) = \pi^r(m,n) - \pi(m,n)$$
$$= \frac{n\Delta c(2(a-c) + (n-2(m-1))\Delta c)}{(n+1)^2 b} \qquad (5.15)$$

这一收益会随市场结构（市场上企业数量）变动而变。边际变化为，假定市场上企业数量增 1 个，企业 m 采用机器人生产所获额外收益变动为：

$$\Delta\pi(m,n+1) - \Delta\pi(m,n)$$
$$= \frac{\Delta c[2(a-c-m\Delta c)(1-n-n^2) + (2n+3)\Delta c]}{b(n+1)^2(n+2)^2} \qquad (5.16)$$

不难证明，存在某一固定 $\hat{m}$，当 $m < \hat{m}$，$\Delta\pi(m,n+1) - \Delta\pi(m,n) >$

---

① 这一假设条件对本文后面的结果不是关键的。

0，即增加企业数量可以提高企业采用机器人生产的额外收益；反之，则 $\Delta\pi(m,n+1) - \Delta\pi(m,n) > 0$，即增加企业数量可以减少企业采用机器人生产的额外收益。因此，我们可以得出如下结论：

定理2：(1) 在机器人技术扩散初期（$m < \hat{m}$），市场竞争能够提高企业采用机器人生产的激励，有利于机器人技术扩散。

(2) 在机器人技术扩散后期（$m \geq \hat{m}$），市场竞争反而会降低企业采用机器人生产的激励，不利于机器人技术扩散。

定理2表明，在机器人技术扩散初期，其他条件不变，市场集中度越大，市场竞争程度越低，机器人扩散程度也会相应更低。直观上，在机器人扩散初期，市场上采用机器人生产的企业不够多，采用机器人生产获得的竞争优势更大，可以抢占的市场份额和机会更大，即企业的竞争效应很大。此时，市场竞争越激励，有利于发挥竞争效应的作用，企业采用机器人生产的激励也就越大。

反之，在机器人技术扩散后期，市场上采用机器人生产的企业已经很多，此时企业采取机器人生产所获得的竞争优势不够明显，竞争效应很小。此时，市场竞争加大，企业采取机器人生产的激励反而降低，因为采用机器人生产所能获得的额外市场份额也会被竞争者稀释。

接下来，我们利用经验数据进行实证分析，进一步验证理论模型的分析结果。

第四节　实证分析

一　研究设定

（一）模型设定

为检验市场结构与机器人技术扩散之间的关系，本文建立如下回归模型：

$$Robot_{it} = c + \alpha Structure_{it} + \varphi Control + \mu_i + \lambda_t + \varepsilon_{it} \qquad (5.17)$$

其中，被解释变量 $Robot_{it}$ 为第 t 年行业 i 工业机器人使用密度，核心解释变量 $Structure_{it}$ 是衡量市场结构的赫芬达尔—赫希曼（HHI）指数。考虑市场结构与机器人技术扩散之间可能存在的内生性，我们后面采用市场结构的滞后一期进行回归。进一步，为了考虑市场结构与机器人技术扩散可能的非线性关系，我们还在模型中加入了市场结构的 $Structure_{it}$ 的二次项，验证市场集中度与机器人使用密度之间可能存在的 U 型关系。$Control$ 为一组可能影响工业机器人使用密度的控制变量集。同时，我们控制了行业固定效应 u_i 和年份固定效应 λ_t，ε_{it} 为随机扰动项。行业固定效应可以控制住机器人供给和质量和采用机器人的成本等因素。

（二）主要变量说明

被解释变量为行业工业机器人使用密度，参照 Acemoglu et al. (2020b) 的作法，用每万人使用机器人数量的工业机器人渗透度表示。行业层面的工业机器人渗透度指标（$Robot_{it}$）计算公式为：

$$Robot_{it} = \frac{Rstock_{it}}{L_{i,t=2003}} \quad (5.18)$$

其中，$Rstock_{it}$ 表示 i 行业 t 年的工业机器人存量，$L_{i,t=2003}$ 表示行业 i 在 2003 年的就业人数。注意，将行业就业人数固定在基期（即 2003 年）可以避免工业机器人渗透度因后续年份的就业人数变动而变动。

核心解释变量为市场结构，用 A 股上市企业行业市场集中度的赫芬达尔—赫希曼指数（HHI 指数）表征，计算公式为：

$$HHI = \sum_{i=1}^{N} \left(\frac{x_i}{\sum x_i} \right)^2 = \sum_{i=1}^{N} (s_i)^2 \quad (5.19)$$

其中，N 为行业内企业总数量，x_i 为企业 i 的规模，s_i 为企业 i 的市场份额。其中，市场份额用企业主营业务收入占比表示。[①]

参照 Koch et al. (2021) 和余玲铮等（2019）的调研观察，本文主要的控制变量 $Control$ 主要为：（1）表征行业基本特征的变量，包括行业平均企业规模、行业资本密集度、行业资产收益率。（2）行业成长性，用

[①] 值得注意的是，上市公司集中度代理整个制造业集中度可能存在高估，但是上市公司集中度与整个制造业集中度的变动方向是一致的，因而本文的实证结果符号应该是正确的。同时，假定制造业中能够较大影响市场集中度的企业会选择上市，那么上市公司集中度的变动就能较大程度上反映整个制造业集中度的变动。

行业主营业务收入三年平均增长率表征。(3) 表征行业工艺复杂程度变量，主要为行业技能强度和技术工人占比。其中，我们用 ln（1 + 获得本科及以上教育人数/员工人数）来衡量企业的技能强度，然后用行业层面每个企业员工人数占比为权重，加权平均得到行业平均技能强度。技术工人占比的处理方式类似。(4) 行业平均工资，用行业平均工资成本表示。(5) 行业融资约束，用企业层面的融资约束的平均值来衡量。参照 Hadlock and Pierce（2010），企业层面的融资约束用融资约束指数 SA 表征，具体计算公式为

$$SA = -0.737 \times size + 0.043 \times size^2 - 0.04 \times age \quad (5.20)$$

其中 $size$ 用企业总资产取对数获得，age 为企业的成立年限。将计算得到的融资约束指数进行绝对值处理，然后做取平均值得到行业层面的融资约束指标。融资约束指数是反向指标，即指标数值越大，行业的融资约束水平越低。①

(三) 数据来源和说明

考虑数据可得性，本章采用中国行业层面 2003—2019 年的面板数据进行实证分析。行业层面机器人存量数据来自国际机器人联盟（International Robot Federation）。2012 年以前的机器人使用数据主要来自机器人制造企业的进出口数据，但是 2013 年以后的数据包括了中国机器人供应商的数据，能够较好地反映中国工业机器人使用情况。行业层面的平均企业规模、资本密集度、资产收益率、行业成长性等指标的数据来自《中国统计年鉴》（2003—2020 年）。而行业层面的市场集中度、工艺复杂度、平均用工成本、融资约束等指标的相关数据确实，我们采用 A 股上市公司数据的相关数据，先获得企业层面指标，然后对其取平均值或加权平均值，以此表征行业相关指标，数据来源为国泰安（CSMAR）数据库。本文没有采用工业企业数据的主要原因是因为工业企业数据库只更新到 2013 年，但是中国工业机器人技术扩散和推广使用在 2013 年以后开始提

---

① 由于行业工艺复杂程度、平均工资、融资约束程度等行业层面数据缺失，我们用上市公司的变量构造出行业层面的变量。虽然这种构造会导致一定程度的高估或低估，但是其对机器人使用密度的影响方向应该是正确的，因而整体上应该能够反映其对机器人技术扩散的影响。而且行业研发投入强度和行业开放度由于企业层面的数据也缺失严重，故而没有考虑。

速，截断之后的数据很难得出可靠结论。在数据处理方面，由于国际机器人联盟的行业分类与中国的《国民经济行业分类》不一致，因而需要按照一定的规则将两者之间匹配。本章参照吕越等（2020）整理出来的行业转化表进行匹配，整合机器人行业数据和其他相关数据。

（四）描述性统计

机器人使用密度可以反映一国机器人技术扩散和应用水平。表5-2统计了2006年、2009年、2012年、2015年和2019年中国工业分行业机器人使用密度情况。总体上，中国工业机器人应用推广程度在过去十几年间有很大的提高，尤其是在2015—2019年，所有行业的机器人使用密度成倍增长。分行业来看，机器人使用密度最高的前四个行业分别是汽车制造业、半导体、LCD、LED制造业、金属制品业、塑胶和塑料制品业，机器人使用密度分别达到每万人740台、176台、171.5台和166.6台。但是，与此同时，机器人使用密度最低几个行业不够每万人10台，包括纺织业、造纸业、制药和日化业、矿采选业、电力、燃气、水生产和供应业。这就意味着，机器人几乎还没有在这些行业开始成规模应用。

表5-2　　中国工业分行业机器人使用密度（台/每万名员工）

行业代码	行业名称	2006年	2009年	2012年	2015年	2019年
10—12	食品、饮料、烟草	0.1	0.7	3.2	13.4	37.6
13—15	纺织业	0.0	0.0	0.0	0.3	1.1
16	木材加工及家具制造	0.0	0.0	0.0	1.5	15.5
17—18	造纸业	0.0	0.0	0.6	1.7	7.7
19	制药和日化业	0.0	0.3	0.5	1.9	9.7
20—21	其他化学制品	0.0	0.0	3.5	33.8	97.5
22	橡胶和塑料制品业	12.7	36.3	55.1	106.9	166.6
23	玻璃玻璃、陶瓷、石材、矿产品	0.0	0.1	0.8	3.7	14.1
24	基本金属	0.0	0.1	1.4	5.0	12.0

续表

行业代码	行业名称	2006年	2009年	2012年	2015年	2019年
25	金属制品业	1.4	7.7	15.4	54.1	171.5
260	电子产品和设备	0.0	0.1	2.0	29.6	62.6
261	半导体、LCD、LED	0.8	7.7	16.7	35.0	176.0
265	医疗、精密、光学仪器	0.0	0.1	0.4	1.7	12.4
275	家用电器行业	0.0	0.0	0.1	6.0	34.2
29	汽车制造业	1.3	7.0	103.4	294.2	739.4
91	其他制造业	0.0	0.1	2.1	4.2	34.5
C	矿采选业	0.0	0.0	0.0	0.0	0.1
E	电力、燃气、水生产和供应业	0.0	0.0	0.0	0.7	3.2

资料来源：笔者根据相关数据计算获得，计算方法根据本书提出的相关计算方法。

进一步，图5-2给出了中国分行业工业机器人使用密度的时间趋势图。各行业的工业机器人使用密度都呈现增长趋势。同时也值得注意的是，不同行业的增长速度和使用程度存在很大的差异，这些差异为我们研究工业机器人技术扩散规律提供了基础。

为了直观了解市场结构与工业机器人使用密度之间的关系，图5-3给出了市场结构与工业机器人使用密度之间的散点图。[①] 两者之间的拟合线呈现向右下方倾向的趋势，表明两者之间可能存在负相关关系。

二 实证结果

表5-3报告了中国市场结构对工业机器人使用密度之影响的回归结果。模型（1）至模型（6）为逐步加入关键控制变量的结果。其中，模型（1）中没有有加入其他控制变量，在1%的显著性水平下，市场结构的回归系数显著为负，说明市场集中度对工业机器人使用密度具有显著的负向影响。模型（2）加入了行业基本特征，包括行业平均企业规模、资

---

① 图5-3给出的散点图没有加入控制变量。但是，在加入控制变量之后，市场结构与工业机器人使用密度的偏相关图仍呈现右下方倾斜的趋势，即两者负相关关系仍很明显。

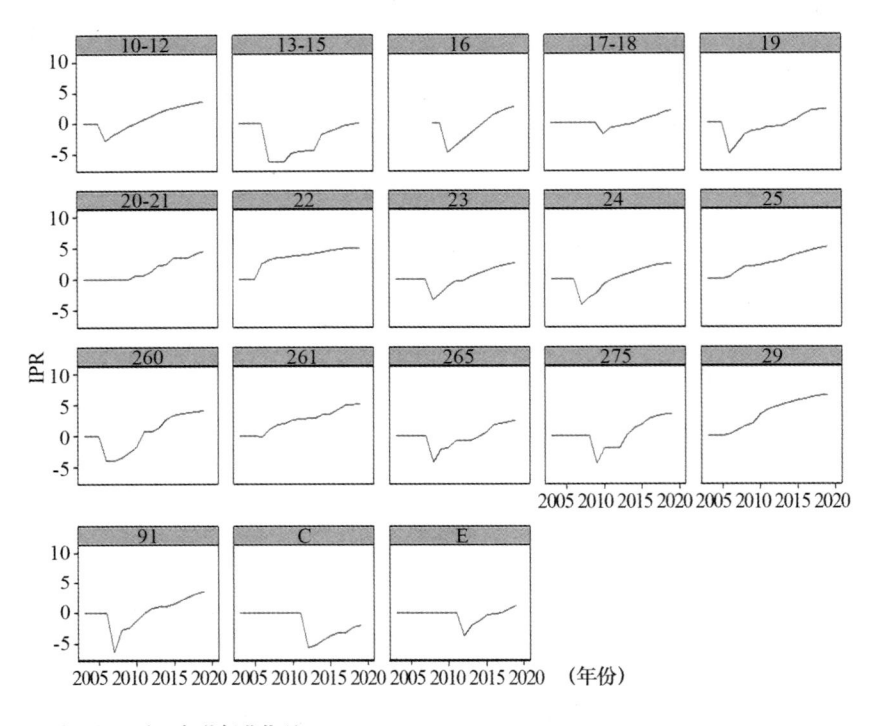

图 5-2 中国分行业工业机器人使用密度变动趋势

产密集度和资产收益率等变量，表征市场结构的 HHI 指数的回归系数仍然为负，但是回归系数不显著。进一步表明，模型（3）加入了行业技能强度、技术工人比重指标，市场结构的回归系数为负，但是不显著。类似的，在模型（4）—（6）中，市场结构的回归系数保持为负值，但是不显著。由于理论模型表明，市场结构与机器人技术扩散可能存在非线性关系，模型（7）加入市场集中度的二次项，以此验证市场集中度对工业机器人的影响是否存在非线性。回归结果表明，加入二次项以后，市场集中度的一次项和二次项的系数都变成正，但都不显著。因此，综合模型（1）—（7）结果可知，当前中国市场集中度与机器人技术扩散的影响是负向的，且不存在非线性关系。①

---

① 表 5-3 回归模型（1）—（5）加入市场集中度的二次项后结果类似，市场集中度的一次项和二次项都变得不显著。后面的回归中加入市场集中度结果类似，因而省略。

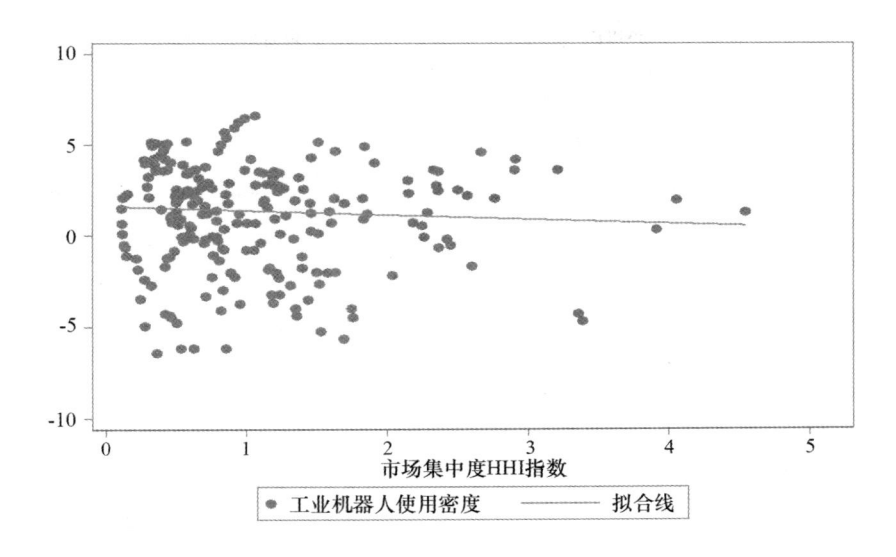

图 5-3　中国工业机器人密度和市场集中度的散点图

注：笔者根据相关数据计算而来。其中工业机器人使用密度是取对数后的变量，因而存在负数。

虽然实证研究未能发现中国市场集中度与机器人技术扩散的非线性关系（"U"形），但是我们认为，这一结果基本符合以上理论模型的分析结论，因为在机器人扩散初期，市场越集中越不利于机器人技术扩散，而当前中国机器人使用密度仍然比较低，正处于机器人技术扩散的初期。虽然中国工业机器人存量和安装量都已经是全球第一了，但是中国是工业大国，制造业产值世界第一，而且机器人技术研发、推广应用起步较晚，导致中国工业机器人使用密度仍远低于发达国家水平。2018年，中国工业机器人使用密度为140（每万名员工），远低于新加坡（831）、韩国（774）、日本（327）等国。而且，细分行业的情况也类似。以汽车制造业为例，中国工业机器人使用密度为740左右，是当前中国工业机器人使用密度最高的行业。但是，韩国汽车制造业的工业机器人使用密度高达2589，而美国、日本、德国、法国等国的数值也均高达1000多。进一步，实地调研也印证了这一观点，即中国大多数制造业企业均还未开始自动化，只有少数龙头企业和标杆企业在进行自动化智能化转型。① 因此，当前中国机器人技术应用初期阶段，市场竞争有利于提高工业机器人使用密度，而市场集中不利于提高机器人使用密度。②

表 5-3　　　　　　市场结构与工业机器人使用密度

	(1) lPR	(2) lPR	(3) lPR	(4) lPR	(5) lPR	(6) lPR	(7) lPR
市场集中度	-1.973*** (0.565)	-0.717 (0.414)	-0.519 (0.598)	-0.690 (0.531)	-0.683 (0.534)	-0.496 (0.491)	1.756 (2.268)
企业规模		3.689*** (1.196)	3.359** (1.271)	3.465** (1.307)	3.290** (1.383)	5.930*** (1.563)	3.127** (1.383)
资本密集度		-1.756 (1.386)	-1.080 (1.148)	-1.389 (1.326)	-1.663 (1.320)	-0.156 (0.910)	-1.179 (1.245)
资产收益率		0.0625 (0.136)	0.0266 (0.157)	-0.0603 (0.163)	-0.0642 (0.174)	0.0300 (0.135)	0.0503 (0.153)
技能强度			9.890*** (3.366)	7.512** (2.654)	7.219** (2.897)	8.123** (3.217)	10.67** (4.176)
技工比重			0.00383 (0.143)	0.127 (0.0934)	0.122 (0.0938)	0.0948 (0.0801)	0.00968 (0.123)
行业成长性				-0.462** (0.216)	-0.359 (0.260)	-0.108 (0.230)	-0.113 (1.684)

---

① 另外，汽车行业机器人使用密度绝对水平较高不意味着其已经处于应用后期。按照理论预测，假设汽车行业处于机器人技术扩散后期，市场集中应当有利于机器人技术扩散，加入汽车行业在回归分析中则会减弱市场竞争的作用，导致市场集中度的回归系数存在偏倚，而去掉汽车行业后市场集中度的回归系数应当更小。为此，我们将汽车行业从回归样本去掉后进行回归分析，结果表明，市场集中度的回归系数反而增大了，即去掉汽车行业反而会减弱市场竞争的作用，进一步验证了本文结论的稳健性。回归结果有需要可联系作者。

② 由于当前中国工业机器人应用仍处于初期阶段，论文无法验证理论部分定理 1 和定理 2 中关于机器人技术扩散后期的结论。

续表

	(1) lPR	(2) lPR	(3) lPR	(4) lPR	(5) lPR	(6) lPR	(7) lPR
行业平均工资					0.563 (0.645)	-0.122 (0.576)	0.423 (0.683)
融资约束						-1.240*** (0.288)	1.512 (0.929)
市场集中度二次项							0.437 (0.403)
常数	-3.919*** (1.306)	-57.88*** (10.50)	-60.00*** (14.78)	-58.04*** (13.68)	-55.57*** (13.91)	-75.66*** (17.74)	-54.81*** (16.60)
观测值	296	243	144	129	129	129	129
R^2	0.174	0.422	0.638	0.718	0.722	0.766	0.651

注：括号中为稳健标准误，* $p<0.10$，** $p<0.05$，*** $p<0.01$。下同。

另外，控制变量中，平均企业规模的回归系数在1%的显著性水平下显著为正，而且在加入其他控制变量之后，仍然显著为正，则说明行业平均企业规模越大，越有利于工业机器人技术的扩散。这一结果也基本符合理论分析的预测。给定其他条件下，企业规模越大，采用工业机器人生产可以节约的可变生产成本越高，企业采用机器人生产的激励也就越大。这一发现与余玲铮等（2019）通过问卷调研所观察到的经验事实是一致的：一般情况下，规模较大的企业更倾向加大机器设备投入以实现生产成本的节约（Brynjolfsson and McElheran，2016）。但是，与 Koch et al. (2021) 不同，用本科以上人数占比表征的技能强度的影响也显著为正，即行业技能强度越高，越有利于工业机器人扩散。原因可能是，采用工业机器人生产需要较高的技能投入，从了解工业自动化生产机理到机器人的日产操作和使用都需要一定的知识积累，因而技能强度越高，采用工业机器人生产的基础越高，也就越有利于机器人技术扩散。同时，劳动力市场平均工资水平的变动对行业工业机器人强度影响不显著，其回归系数不显著。另外，融资约束的回归系数显著为负，说明融资约束是制约工业机器人技术扩散的重要因素。直觉上，采用机器人生产是一笔很大的固定投入，资金需求很高，而融资约束则限制了企业获得资金进行自动化改造，因而不利于工业机器人使用密度提升。

表 5-3 的分析结果表明，市场集中度与工业机器人使用密度之间存在着负向关系。但是，市场结构与工业机器人使用密度之间可能存在内生性。以上理论模型分析也确实表明，企业采用机器人生产会增加本企业的市场份额，同时可能还会导致一些企业停止生产，进而影响市场结构。为此，我们采用市场结构的滞后一期作为核心解释变量进行回归。一方面，市场结构可能对机器人使用密度的影响存在滞后性，因为采用机器人生产是一种大量的固定成本的投入，当期的市场结构可能主要影响企业下一期是否采用机器人的决定，进而影响下一期的机器人使用密度。另一方面，采用滞后变量可以部分解决市场结构与机器人使用密度之间的内生性，因为当期企业采用机器人生产需要一定时间才会影响市场结构，而不会对前一期的市场结构产生影响。这一点从本章的理论模型分析也可以看出，企业采用机器人生产，对市场结构的影响需要有一定的时间发挥，没有采用机器人的企业由于竞争淘汰市场也有一个过程，而不会立刻对市场结构产生影响。①

表 5-4 报告了市场结构滞后一期变量的回归结果。② 回归结果验证了市场集中度对工业机器人使用密度的负向影响，且不存在非线性关系。而且，采用市场集中度的滞后一期变量后，市场结构的影响在模型（1）—（5）中均显著为负，回归系数也大于市场结构当期变量的回归系数，约为 0.8 左右。给定其他条件不变，市场集中度 HHI 指数增加一个百分点，会平均降低工业机器人使用密度 0.8 个百分点。同时，其他控制变量的回归结果均很稳定，表明了整体回归结构的稳定性。其中，行业平均企业规模和技能强度的系数显著为正，而融资约束 SA 指数的回归系数显著为负。

---

① 这种将变量滞后一期处理内生性的方法在文献中并不少见，例如 Aghion et al (2016)。
② 表 5-4 的回归中，我们主要考虑市场结构的滞后影响及其与机器人使用密度的内生性问题，因而没有将控制变量也相应地滞后一期。但是，当将控制变量也滞后一期后，表 4 的结果依然是稳健的，回归结果有需要可联系作者。作者感谢审稿专家指出这一点。

表5-4　　市场结构的滞后变量与工业机器人使用密度

	(1) lPR	(2) lPR	(3) lPR	(4) lPR	(5) lPR	(6) lPR
市场集中度滞后一期	-2.269*** (0.565)	-0.852** (0.310)	-0.792* (0.442)	-0.879** (0.407)	-0.838* (0.445)	-0.733 (0.453)
企业规模		3.789*** (1.207)	3.273** (1.257)	3.365** (1.328)	3.245** (1.385)	5.896*** (1.471)
资本密集度		-1.738 (1.513)	-1.060 (1.201)	-1.298 (1.395)	-1.483 (1.412)	0.0126 (0.997)
资本收益率		0.0817 (0.107)	0.0589 (0.169)	-0.0233 (0.180)	-0.0283 (0.193)	0.0662 (0.137)
技能强度			8.463*** (2.891)	6.113** (2.357)	6.014** (2.644)	6.891** (3.008)
技工占比			-0.0007 (0.145)	0.129 (0.0892)	0.128 (0.0893)	0.0936 (0.0735)
行业成长性				-0.423* (0.220)	-0.348 (0.256)	-0.107 (0.223)
行业平均工资					0.398 (0.690)	-0.273 (0.608)
融资约束						-1.255*** (0.272)
常数	-4.523*** (1.295)	-60.64*** (9.956)	-58.87*** (13.29)	-57.37*** (12.36)	-55.75*** (12.59)	-75.63*** (15.88)
观测值	277	229	143	128	128	128
R2	0.217	0.469	0.644	0.723	0.724	0.771

为了进一步验证回归结果的稳健性，我们考虑了两种稳健性检验：第一，更换被解释变量，使用每年工业机器人新增安装量作为被解释变量进行回归

分析，以此研究市场结构对工业机器人推广使用的影响；第二，由于行业层面的样本量比较少，我们参考王永钦和董雯（2020）的方法，进一步将行业层面的机器人使用密度分解到企业层面，以此扩充样本数量。①

表5－5报告了市场结构对工业机器人使用增量的回归结果。显然，市场集中度HHI指数与工业机器人使用增量之间也存在显著负向关系，回归系数显著为负，而且回归系数略大于其对机器人使用密度的回归系数值。同样地，其他控制变量的影响保持稳定。平均企业规模、技能强度对工业机器人年新增安装量存在显著正向影响，而融资约束不利于工业机器人推广使用。但是，融资约束的回归系数不显著。

表5－5　　　　　　市场结构与工业机器人使用增量

	（1）lMRl	（2）lMRl	（3）lMRl	（4）lMRl	（5）lMRl	（6）lMRl
市场集中度	－2.934***	－0.529*	－1.099**	－1.003**	－1.012**	－0.842*
滞后一期	(0.481)	(0.310)	(0.477)	(0.489)	(0.489)	(0.501)
企业规模		3.477***	2.675***	2.977***	2.772***	4.557***
		(0.530)	(0.750)	(0.796)	(0.814)	(1.495)
资本密集度		－0.271	－0.163	－0.543	－0.985	－0.513
		(0.611)	(0.872)	(0.935)	(1.009)	(1.058)
资本收益率		0.010	0.111	0.121	0.107	0.138
		(0.106)	(0.158)	(0.159)	(0.159)	(0.159)
技能强度			11.455**	10.710**	10.245**	10.598**
			(4.656)	(4.728)	(4.738)	(4.722)
技工占比			－0.074	－0.103	－0.111	－0.123
			(0.117)	(0.120)	(0.120)	(0.120)

---

① 需要注意的是，将行业层面的工业机器人使用数据分解到企业层面存在一个较大的缺陷，即上市公司的工业机器人采用决策无法代表整个行业的决策，而且所有上市公司使用的工业机器人数量加总不等于行业机器人使用总量，导致高估企业的机器人使用密度。

续表

	(1) lMR1	(2) lMR1	(3) lMR1	(4) lMR1	(5) lMR1	(6) lMR1
行业成长性				-1.305 (1.209)	-1.295 (1.207)	-1.085 (1.211)
平均工资					0.785 (0.679)	0.293 (0.760)
融资约束						-0.694 (0.488)
常数	-1.869 (1.203)	-69.417*** (5.973)	-54.993*** (9.438)	-55.890*** (9.497)	-52.567*** (9.907)	-64.282*** (12.852)
观测值	204	181	135	134	134	134
R^2	0.325	0.613	0.563	0.568	0.574	0.581

表5-6报告了企业层面市场结构与工业机器人使用密度（lCHF）之间的回归结果。市场结构 HHI 指数的回归系数显著为负，而且回归系数值略小于行业层面的回归系数，但是相差不大。同时，其他控制变量的回归结果则提供了一些有趣的发现。企业资本密集度的系数显著为正，说明资本密集度越高，越有利于企业采用机器人。这一结果与 Koch et al. (2021) 的结论是一致的。而且，工资水平的回归系数在5%的显著性水平下显著为正，即工资水平上涨会有利于企业采用机器人生产。这一回归结果部分印证了我们的实地调研观察的现象：工资水平上涨会助推企业加速采用工业机器人生产。

表5-6　　市场结构与工业机器人使用密度——企业层面

	(1) lCHF	(2) lCHF	(3) lCHF	(4) lCHF	(5) lCHF	(6) lCHF
市场集中度	-1.904*** (0.102)	-1.312*** (0.106)	-0.936*** (0.272)	-0.713** (0.298)	-0.678** (0.295)	-0.677** (0.295)

续表

	(1) lCHF	(2) lCHF	(3) lCHF	(4) lCHF	(5) lCHF	(6) lCHF
企业规模		1.023*** (0.072)	1.195*** (0.132)	1.327*** (0.137)	1.204*** (0.143)	1.203*** (0.143)
资本密集度		0.003 (0.002)	0.175*** (0.050)	0.160*** (0.048)	0.144*** (0.042)	0.144*** (0.042)
资本收益率		-0.135*** (0.027)	-0.058 (0.053)	-0.073 (0.053)	-0.071 (0.052)	-0.071 (0.052)
技能强度			1.522 (1.210)	2.827*** (0.803)	2.518*** (0.824)	2.531*** (0.816)
技工占比			0.017 (0.210)	-0.136 (0.156)	-0.127 (0.152)	-0.128 (0.151)
行业成长性				-0.312*** (0.084)	-0.301*** (0.083)	-0.299*** (0.083)
平均工资					0.216** (0.096)	0.216** (0.096)
融资约束						-0.264 (1.274)
常数	-3.556*** (0.304)	-23.969*** (1.377)	-27.301*** (2.392)	-29.835*** (2.455)	-28.985*** (2.479)	-30.012*** (5.255)
观测值	9701	8660	1810	1396	1390	1390
R^2	0.213	0.359	0.382	0.413	0.428	0.428

注：与行业层面的分析不同，本回归采用的控制变量中除行业成长性为行业变量，其他控制变脸都是企业层面的指标。

第五节 小结

工业机器人是制造业的"皇冠",对缓解劳动力短缺压力和推动制造业转型升级都具有重要意义。经过十几年的发展,工业机器人在中国制造业中的应用快速增长。然而,由于中国工业机器人应用起步比较晚,当前中国工业机器人应用水平仍然比较低。为此,本章结合实地调研、理论模型和实证分析,研究市场结构对中国工业机器人技术扩散的影响。

基于实地调研,本章总结出了中国工业机器人产业发展现状及主要影响因素。当前国内工业机器人渗透难,推广应用进程缓慢,大多数行业处于工业机器人应用初期阶段,对劳动力市场影响仍不显著。其中有两点重要因素:一是技术上不具备大规模应用的条件,技术程序仍需要时间。工业是高度垂直化的,细分行业较多,且不同业内生产线、工艺、产品规格差异大,但工业又追求生产稳定性和成品率。与商业智能不同,当前工业领域数据积累量仍比较少,将人的经验固化到机器上很难。二是经济上成本太高、收益不够,企业选择不采用机器人生产。进一步,工业机器人的应用和建立自动化产线是工艺流程创新,不是产品创新。企业是否进行机器换人,取决于短期固定成本投入和长期平均生产降低之间的权衡与市场环境。劳动力成本上升和"用工荒"是促进企业进行产线改造和机器换人的重要影响因素,但由于机器换人的前期投入比较大、成本高,企业采取机器人生产的积极性受到影响。

结合实地调研观察到的经验事实,本章对不同市场结构下企业采用机器人的激励进行了理论建模分析,研究发现:当市场上采用机器人的企业数量较少时,即在机器人技术扩散初期,市场竞争越激烈越有利于机器人技术扩散,企业更愿意采用机器人生产,因为此时企业希望获得先发优势。但是,当市场上采用机器人的企业数超过一定数量时,即在机器人技术扩散后期,市场越集中反而有利于机器人技术扩散。为了进一步验证理论分析的结论,本章利用中国 2003—2019 年的经验数据,实证研究了市场结构对工业机器人使用的影响。结果表明,提升市场竞争程度有利于提高工业机器人在工业行业中的扩散,部分验证了理论模型的结论。

本章的研究结果为进一步促进中国机器人尤其是工业机器人推广应用提供了以下几点有益启示。第一,当前中国仍处于机器人技术扩散初期,市场集中度过高不利于机器人技术扩散和推广应用。因此,政府应当坚持市场在资源配置中起决定性作用,强化市场竞争作用,强化市场反垄断监管,促进企业采用机器人技术生产的激励,进而提升整个制造业的自动化水平。与此同时,政府需要重点关注市场集中度较高的行业,其机器人技术扩散应用推广程度比较低且进程较为缓慢,政府需要考虑使用其他激励手段促进这些行业的机器人使用推广,提高其行业自动化水平,进而推动行业转型升级。

第二,以本科以上员工人数占比表征的技能强度对机器人技术扩散具有显著正向影响。这意味着,提升工业机器人使用密度需要加强工业行业的人力资本转型和提升。工业机器人产业应用推广需要大量同时了解工业机理和工业机器人技术的复合型人才。当前,这种复合型的技能人才缺口较大,而且未来将随着工业机器人大规模推广应用而进一步放大。因此,政府应当关注工业机器人推广使用中的技能人才供给,通过再培训被机器人替代的生产工人和加强职业教育等方式,缓解当前技能人才短缺问题。

第三,由于工业机器人技术应用成本较高,融资约束制约了中国工业机器人使用密度提升,因而切实解决好企业采用机器人技术生产的资金问题,可以有效提高工业机器人的推广普及程度。为此,政府可以提供一些普惠性的税收优惠或补贴政策,尤其重点关注大量中小企业在自动化转型过程中的融资约束问题。

第六章 人工智能技术创新扩散的特征、影响因素及政府作用

第一节 引言

近年来,人工智能产业发展受到国家层面重视,相关政策频出。2017年国务院出台《新一代人工智能发展规划》,成为中国人工智能发展的指导性文件;国家发改委、中央网信办、工信部等部门陆续发布人工智能相关细则,部署人工智能发展计划;各地方政府积极响应中央政府号召,陆续制定人工智能相关行业发展的预期目标和配套的产业政策。新一代人工智能技术在中国的影响持续深入,不断催生新业态,赋能传统产业。

人工智能技术的经济影响开始引起学界关注。在已有文献中,人工智能与经济学的研究主题集中在经济增长、劳动就业等领域。人工智能技术通过改善劳动、资本、技术进步带动经济增长,推动产业结构升级,引发就业结构和收入分配变化(陈彦斌等,2019;蔡跃洲和陈楠,2019;郭敏和方梦然,2018;郭凯明,2019)。然而,相关的微观经济研究较少,尤其是尚未有文献从技术创新扩散角度研究人工智能产业的动态变化。

首先,本章利用机器学习文本分析技术,基于沪深A股上市公司年报信息识别出人工智能上市公司名单,梳理了人工智能技术创新扩散的总体特征。一是中国人工智能技术创新扩散在2016年、2017年出现增长拐点,主营业务涉及人工智能技术的上市公司数量出现了爆发式的增长。二是中国人工智能技术行业应用存在明显的头部效应,智能安防、智慧金融、智慧商业三个行业处于技术应用第一梯队。尤其智能安防成为应用最热的行业,与国外行业应用稍有差异。

其次,基于总体特征,本章从微观视角规范分析了人工智能技术创新扩散的影响因素,并利用面板二值选择模型进行实证分析。本章以信息技术服务业和计算机、通信和其他电子设备制造业A股上市公司名单为基

础，利用 Wind 数据库获取企业相关财务信息、行业信息，构建了 2015—2019 年的平衡面板数据，使用面板二值选择模型实证分析企业使用人工智能技术的影响因素。研究表明，企业规模的影响呈倒"U"形，适度规模可以提升企业使用人工智能技术的概率；企业研发能力越强，越倾向于使用人工智能技术，但缺乏显著性；市场集中度的影响呈负相关，企业所处的市场中竞争性程度越高，越倾向于选择人工智能技术；政府补贴显著提升了企业使用人工智能技术的概率，并表现出了年度差异，2018 年政府补贴显著激励了企业开始使用人工智能技术。

最后，本章进一步讨论了政府在人工智能技术创新扩散中的作用。人工智能技术具有网络外部性。在创新扩散早期，网络外部性收益不足以吸引企业使用人工智能技术。2016 年、2017 年人工智能发展受到国家层面重视，相关政策频发。利好的政策环境既降低了企业技术转换成本，缓解了早期网络外部性收益低导致的激励不足问题，也正面影响上市公司的市场预期，带动了人工智能上市公司数量出现爆发式增长以及应用行业拓展。但人工智能相关产业政策能否起到激励企业创新的题中之义，有待进一步研究，而且应当注意政府补贴、税收优惠等扶持性产业政策可能引发的重复建设、企业低水平技术集聚的现象。当前，中国经济已从高速增长阶段转向高质量发展阶段，人工智能相关政策有必要实现从以产业政策为主向以竞争政策为主的转变，充分发挥市场在资源配置中的决定性作用。

本章的主要创新，一是在实证研究的方法上，已有文献大多直接使用金融数据网站提供的"人工智能企业"名单研究某一经济学问题，本章则借助机器学习文本分析技术，对涉及人工智能的上市公司做了机器筛选和精确筛选，形成人工智能上市公司名单。二是从实证角度系统分析了人工智能技术创新扩散的影响因素。

第二节 人工智能技术创新扩散的总体特征

一 人工智能技术特性与上市公司筛选

人工智能技术是一系列技术和应用的统称，既包括早期技术的拓展，如机器人技术，又包括全新的技术和应用，如人脸识别、语音识别、自动驾驶等。早期的人工智能技术主要通过形式化的数学规则（语法规则）直接编程来使得计算机拥有某些人类的智能，这对于形式化程度高的任务是适合的,却难以胜任语音识别、图像识别等人类凭直觉就可以解决、又很难形式化描述的任务。新一代人工智能的关键技术特征是使用机器学习,尤其是深度学习技术,使用多层神经网络直接处理数据,并根据层次化的概念体系来理解世界,而每个概念则通过与某些相对简单概念之间的关系来定义。新一代人工智能技术的广泛应用有赖于三个要素:算法、算力、数据。

"人工智能"概念的宽泛性引发了两个问题:一是人工智能企业的界定缺乏标准,二是人工智能数据获取难度大。上述问题在人工智能与经济学的学术研究中也有所体现。宏观层面的研究中,更侧重于将人工智能技术看作一种数字化技术,研究数字化技术对经济增长、产业结构变迁的影响,相关参数设定和变量选择尚未过多涉及人工智能技术自身特性。由于人工智能数据可获得性差,经验研究相关文献多使用金融数据网站提供的"人工智能"企业名单研究某一经济学问题,但存在人工智能上市公司界定模糊等问题。并且,金融数据网站提供的"人工智能"企业名单为截面数据,无助于从动态角度探究人工智能技术创新的扩散问题。

本章尝试利用沪深A股上市公司年报来识别人工智能上市公司。上市公司年报披露了公司上一年度的财务及经营状况,是上市公司信息披露的重要组成部分。机器学习技术在文本分析方面更有效率,能够在短时间内实现批量文本的筛选和分类,为本章的筛选工作提供了思路。

我们的具体数据分析程序如下。第一,利用机器学习技术编写网络爬虫,从"巨潮资讯网"获取2011—2019年沪深A股上市公司年度报告文件。第二,借助机器学习文本识别技术进行机器筛选,对2011—2019年A股上市公司年报文件进行全文关键词检索并分类,为了提高筛选效率,本章在机器筛选环节主要考虑"人工智能"这一关键词,如果某一上市公司年报中含有"人工智能"关键词,则将该上市公司归类到候选名单中。[1] 第三,精确筛选环节,本章将人工智能上市公司定义为"主营业务中有涉及人工智能技术应用的上市公司",并将关键词检索范围拓展到了包括"机器学习""深度学习""自然语言""机器人""工业机器人""识别技术""图像识别""人脸识别""语音识别",对机器筛选得到的上市公司年报经营情况章节信息进行词频统计和精确筛选,剔除掉主营业

---

[1] 本章仅选取"人工智能"作为机器筛选关键词,而未包括"AI"关键词。年报中"AI"的识别会出现在英文单词中,无法精确识别"AI"关键词,如果"AI"同样作为筛选关键词,会因不精确识别问题导致候选名单过多,影响后续精确筛选。

务未涉及人工智能技术应用的上市公司。

二 人工智能上市公司数量增长特征

图 6-1 列示了 2011—2019 年上市公司中人工智能相关公司数量变化。其中虚线是机器筛选结果，即年报中提到"人工智能"词汇的；实线是精确筛选结果，即主营业务涉及人工智能技术的上市公司数量。二者呈现出大致相似的发展趋势。2011 年，共 14 家上市公司年报提到了"人工智能"概念，其中仅 1 家主营业务涉及人工智能技术。此后，两种定义下的"人工智能"相关公司逐年增长，但并非线性增长趋势，而是在 2016 年和 2017 年出现了爆发。2016 年机器筛选数量为 281 家，精确筛选数量为 50 家，增长率都在 200% 以上（上年分别为 91 家和 16 家）。2017 年机器筛选数量 722 家，精确筛选数量 119 家，增长率仍分别达到 156.94% 和 138%。2018 年及之后虽仍有增长，但趋势已缓和下来，2019 年机器筛选数量 1123 家，精确筛选数量 336 家，增长率分别为 21.54% 和 73.19%。

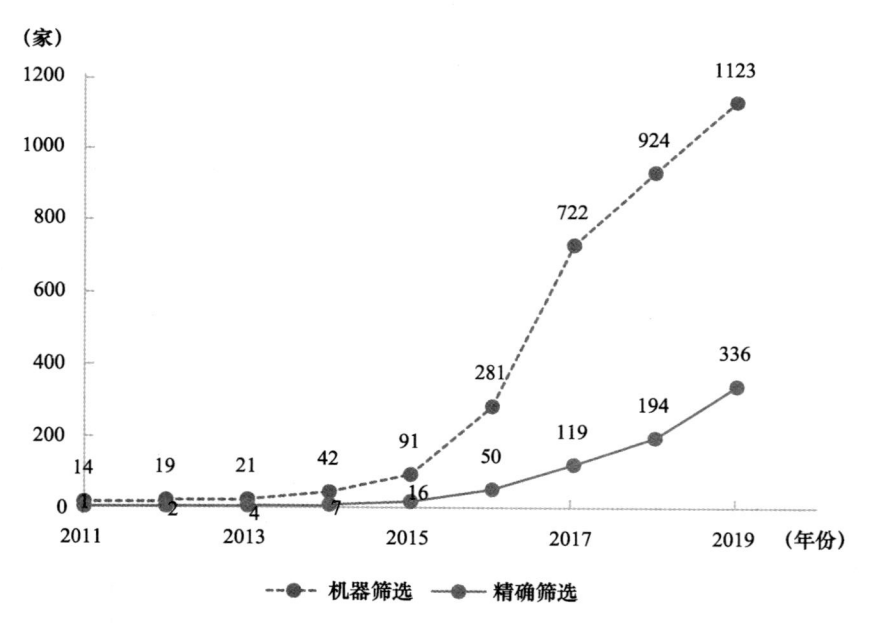

图 6-1 2011—2019 年沪深 A 股人工智能上市公司数量增长特征

资料来源：笔者根据巨潮资讯网上市公司年报整理。

表 6-1 列示了历年沪深 A 股新增上市公司中人工智能企业数量的变化。

在 2017 年以前，A 股每年新增上市公司中，人工智能企业几乎为零，仅 2014 年新增一家人工智能上市公司。自 2017 年开始，新增上市公司中人工智能企业数量开始增加，2019 年新增人工智能上市公司数量达到了 23 家，占当年新增上市公司的比例达到 11.33%。从转型和新增两个角度的对比可以看出，沪深 A 股人工智能上市公司以已上市的企业转型为主，新增上市公司为人工智能的比例相对较低。

表 6-1　　2012—2019 年 A 股新增、AI 新增与 AI 转型的上市公司数量分布　　（单位：家）

年份	2012	2013	2014	2015	2016	2017	2018	2019
A 股新增企业数量	154	2	124	222	227	438	105	203
新上市 AI 企业	0	0	1	0	0	9	5	23
上市企业 AI 转型	2	4	7	16	50	110	189	313
AI 企业总计	2	4	8	16	50	119	194	336

资料来源：笔者根据 Wind 数据库和筛选结果整理。

三　人工智能技术应用方向特征

基于上市公司年报的"公司业务概要"与"经营情况讨论与分析"详细信息，本章整理了 2011—2019 年人工智能技术的行业应用情况，见表 6-2。

表 6-2　　2011—2019 年人工智能技术行业应用统计　　（单位：家）

应用行业	2011 年	2012 年	2013 年	2014 年	2015 年	2016 年	2017 年	2018 年	2019 年
智能安防				1	8	16	26	48	66
智慧金融			1	1		4	27	41	62
智慧商业	1	1	1	1	3	10	18	30	60
智能制造		1	2	4	6	8	15	19	45
智慧政务与便民服务					1	2	13	20	40
智慧医疗					1	3	8	22	32

续表

应用行业	2011年	2012年	2013年	2014年	2015年	2016年	2017年	2018年	2019年
智能交通					2	6	13	21	32
智能硬件					1	1	6	9	24
智能网联汽车与自动驾驶			1	1	2	4	7	14	22
智慧能源							1	8	18
智能家居	1	1	1	1	1	3	9	16	18
电信行业	1	1	1	1	2	2	3	9	17
云计算与大数据服务						3	6	5	16
传媒出版							1	5	5	12
智能教育	1	1	1	1	1	2	8	11	11
智慧城市						1	7	7	11	11
智慧物流						1	2	5	11
智慧社区							1	2	7
机器人							5	5	4	6
智慧农业									3
其他							1	3	4

注：表格中的数据是指应用人工智能技术于该行业的上市公司企业数量。如"智能安防"2018年数据为48，是指2018年有48家上市公司在智能安防行业应用人工智能技术。某一上市公司可能应用人工智能技术在几个不同行业，因此，上表每年数据加总不等于当年人工智能上市公司数量。

资料来源：笔者根据筛选的上市公司各年年报整理。

人工智能技术应用行业的头部效应明显。智能安防、智慧金融、智慧商业处于人工智能技术应用的第一梯队，2019年均有60家以上上市公司提供该项人工智能技术应用服务。尤其智能安防，已成为中国人工智能技术应用最热门的行业，虽起步较晚，但增长迅猛，2019年共有66家上市公司在智能安防行业应用人工智能技术。智慧金融、智慧商业同样表现出来较快的增长趋势。排在第四位及以后的相关上市公司数量与前三名差别明显，或增长缓慢，或为应用新行业。另外，人工智能技术应用的行业数量在2016年、2017年出现了大幅度增长。2011年，上市公司人工智能技术应用仅涉及智慧商业、智能家居、智能教育、电信4个行业，2015年达到13个，2019年则增至21个。

麦肯锡大规模访谈发现了人工智能技术发展初期影响技术采用的特征（Chui，2017）。这些特征与企业采用最新数字技术的模式大体一致。并非巧合的是，在早期数字化浪潮中处于领先地位的相同企业正在引领人工智能浪潮。高技术和电信部门、汽车、金融服务部门较深度采纳了人工智能技术，排在技术应用的前三位。排在其后的依次是资源和公用事业、新闻娱乐业、交通物流、零售、教育、专业服务等，医疗卫生、建材和建筑、旅游等部门的采用则更少。2019年、2020年麦肯锡连续发布了人工智能全球报告，研究进一步证实，商业等数字化程度高的行业是人工智能技术应用成熟度最高的行业。①

对比分析表明，数字化程度高的行业人工智能技术应用成熟度高，如商业、金融，这是新一代人工智能技术特性使然。同时，智能安防在中国成为人工智能技术应用成熟度最高的行业，这与全球的人工智能产业应用趋势存在差异。

第三节 计量模型设定

一 研究假说

人工智能技术创新的扩散受多种因素的影响。第二章对人工智能技术扩散各类因素的详细讨论，包括企业自身的特性、行业层面的因素，以及政府的产业政策和扶持等方面。因此，本节重点根据企业规模、市场集中度、研发能力、政府补贴等因素对企业使用人工智能技术的影响，提出以下四个研究假设。

假设1：企业规模与企业使用人工智能技术的概率之间存在非线性相

---

① McKinsey Global Institute. Global AI Survey：AI proves its worth, but few scale impacts. 2019. https：//www.mckinsey.com/featured-insights/artificial-intelligence/global-ai-survey-ai-proves-its-worth-but-few-scale-impact；McKinsey Global Institute. Global survey：The state of AI in 2020. https：//www.mckinsey.com/business-functions/mckinsey-analytics/our-insights/global-survey-the-state-of-ai-in-2020.

关关系。

假设2：企业研发能力与企业使用人工智能技术的概率正相关。

假设3：市场集中度与企业使用人工智能技术的概率存在相关关系。

假设4：政府补贴与企业使用人工智能技术的概率之间存在正相关关系。

二　模型设定

本节利用面板二值选择模型进行实证分析。核心被解释变量为企业是否采用了人工智能技术，为虚拟变量。本节以 Wind 数据库提供的信息技术服务业和计算机、通信和其他电子设备制造业 A 股上市公司名单为基础，整理了上述 A 股上市公司 2015—2019 年的相关财务信息、所处行业大类信息，并删除掉数据缺失严重的样本，最终获取了 399 家上市公司 5 年的平衡面板数据。其中，2015—2019 年人工智能上市公司数量分别为 6 家、25 家、51 家、87 家和 144 家。

面板二值选择模型属于非线性面板，在模型设定方面有一些技术性问题，需要加以说明。由于存在不可观测效应 c_i，面板数据各期之间的相关性导致传统的估计方法失效。一种思路是把 c_i 看作是不可观测的随机变量，利用面板随机效应 Probit 模型和 Logit 模型（记为 RE Probit、RE Logit）进行估计。对不可观测效应 c_i 的处理思路是：通过假定 c_i 与协变量相关的方式，在似然函数中利用积分的方法消除掉 c_i 的影响，得到以解释变量为条件的 $(y_{i1}, y_{i2}, \cdots, y_{iT})$ 的联合分布，进而得到参数的一致估计量及偏效应。①

考虑一个具有可加性、不可观测效应的线形模型，如果模型满足以下基本假定。

假定（1）：$P(y_{it} = 1 \mid x_{it}, c_i) = \Phi(x_{it}\beta + c_i)$；

假定（2）：解释变量 x_{it} 以不可观测的个体效应 c_i 为条件严格外生；

假定（3）：$(y_{i1}, y_{i2} \cdots, y_{iT})$ 以 (x_{it}, c_i) 为条件相互独立；

假定（4）：不可观测的个体异质性满足：$c_i \mid x_i \sim N(0, \sigma_c^2)$。

---

① 固定效应、一阶差分等方法虽然可以消除 c_i 的影响，但对模型施加了新的约束，包括限制了 c_i 的取值范围、预测结果可能超被解释变量取值范围、解释变量的边际影响固定不变等。另一种思路是将 c_i 看作固定效应，在模型中处理为待估参数，这种面板固定效应 Probit 模型会导致参数估计存在严重的偏误，引发从属参数问题，不具有可操作性。参见 Wooldridge（2010），p.612.

第六章 人工智能技术创新扩散的特征、影响因素及政府作用

应用最大似然估计方法（MLE），可以得到随机效应 Probit 估计量。其中潜变量模型设定为：

$$y_{it}^* = \beta_0 + x_{it}\beta + d_i + t_t + e_{it} \tag{6.1}$$

其中，y_{it}^* 为潜变量，取值大于 0 时 $y_{it} = 1$，否则 $y_{it} = 0$。x_{it} 包括所有随时间和个体变化的变量。d_i 为企业所处地区相关变量。t_t 为年份虚拟变量。$e_{it} \sim N(0,1)$；当残差项服从逻辑分布时，即得到随机效应 Logit 估计结果。

如果放松假定（4），即考虑不可观测的个体异质性与部分解释变量相关，张伯伦（Chamberlain，1980）用含有线性期望与常数方差的条件正态分布描述了二者的相关性：$c_i = \psi + \bar{x}_i\xi + a_i$，其中，$\bar{x}_i$ 为随时间变化的解释变量向量的时间均值，a_i 的方差为 σ_a^2。假定（4）转变为 $c_i \mid x_i \sim N(\psi + \bar{x}_i\xi, \sigma_a^2)$，在其他假定保持不变时，同样可以利用 MLE 在似然函数中消除掉不可观测效应 c_i 的影响，所得估计结果称为张伯伦随机效应估计量（Chamberlain RE）。潜变量模型设定为：

$$y_{it}^* = \psi + x_{it}\beta + \bar{x}_i\xi + d_i + t_t + e_{it} \tag{6.2}$$

在解释变量的偏效应方面，线性面板模型所估计的参数即为边际效应；如果解释变量取对数，则所估参数可以解释为半弹性；如果解释变量与被解释变量均取对数，对应系数为弹性。非线性面板模型转为估计解释变量对响应概率 $P(y_{it} = 1 \mid x)$ 的影响，潜变量估计结果通过累计分布函数 $\Phi(\cdot)$ 映射到 [0, 1]。因此，模型回归系数不再具有偏效应的含义，取水平值的解释变量 x_j、对于带有平方项的解释变量 $\beta_i x_i + \beta_{i+1} x_i^2$、取对数的解释变量 $\log(x_k)$ 的偏效应分别为：

$$\frac{\partial P(y = 1 \mid x)}{\partial x_j} = \frac{\partial \Phi(x\beta)}{\partial x_j}\beta_j = \varphi(x\beta)\beta_j$$

$$\frac{\partial P(y = 1 \mid x)}{\partial x_i} = \frac{\partial \Phi(x\beta)}{\partial x_i}(\beta_i + 2\beta_{i+1}x_i) = \varphi(x\beta)(\beta_i + 2\beta_{i+1}x_i)$$

$$\frac{\partial P(y = 1 \mid x)}{\partial \log(x_k)} = \frac{\partial \Phi(x\beta)}{\partial \log(x_k)}\beta_k = \varphi(x\beta)\beta_k \tag{6.3}$$

其中，$x\beta$ 是以向量形式表示的为各解释变量与相应参数相乘，$\varphi(x\beta)$

为概率密度。通过估计等式右侧的在总体上的平均值，我们就得到了平均偏效应（APE）。式（6.3）也表明，偏效应与模型参数估计值的符号具有一致性。

上述两个模型为本文的主要模型。在稳健性检验部分，本章报告了放松假定（3）的回归结果。如果上述两个模型均放松假定（3），可以通过对模型的残差项（$c_i + e_{it}$）进行标准化，转变为经过缩放的模型，缩放因子分别为 $1/(1+\sigma_c^2)$ 和 $1/(1+\sigma_a^2)$，经缩放后的模型可以用混合最大似然估计方法分别进行估计（Wooldridge，2010）。其次，替换了部分解释变量的衡量指标，以及被解释变量的衡量，用以回归结果的稳健性检验。最后，本章对解释变量的严格外生性［即假定（2）］作了初步的检验。

企业使用人工智能技术的决策要早于企业开始使用人工智能技术，本章将因变量"企业是否使用人工智能技术"视为企业上一期在各类影响因素下的期末决策，在本期表现为开始应用人工智能技术。在回归模型中体现为：解释变量取滞后一期值，而非当期值。这样可以在一定程度上避免被解释变量与解释变量当期值之间互为因果引发的内生性问题。

三 变量设定与数据来源

本章的核心被解释变量为企业是否选择人工智能技术（AI），为虚拟变量，即第二节精确筛选所确定的人工智能上市公司名单，若上市公司当年选择了人工智能技术，则对应年份的 AI 赋值为 1，否则赋值为 0。

衡量企业规模的指标通常包括企业资产和员工数量。本章将企业资产规模作为企业规模的衡量指标，并取对数。考虑到企业规模对创新决策可能存在非线性影响，模型中加入了企业规模对数的二次项；并将企业员工数量作为企业规模的替代衡量指标，用于稳健性检验。

衡量企业研发能力的指标包括投入和产出两个层面。投入层面主要通过企业的研发投入来衡量，后者主要以专利数量来衡量。本章数据采用研发密度来衡量企业的研发能力，研发密度定义为"企业年度研发支出/销售收入"。

衡量市场结构的指标主要是市场集中度。本节将 Wind 数据库提供的"行业内销售额最大的 3 个企业销售份额占全行业销售额的比例"作为市场集中度的衡量指标。另外，市场势力也是影响企业创新决策的重要因素，但由于上市公司的边际成本无法获取，不能直接得到企业市场势力的勒纳指数。借鉴聂辉华等（2008）的思路，企业产品差异越小，市场竞争越激烈，从而市场势力更小，就更有激励做广告，本节利用 Wind 数据库提供的企业广告费用占销售收入的比例以及二次项作为市场势力的代理指标。

政府补贴数据主要来源于 Wind 数据库。由于部分上市公司政府补贴数据为零，本章对所有政府补贴数据值 +1 并进行对数化处理。

表 6-3　　　　　　　　　变量设计与说明

变量简称	变量说明	变量解释	数据来源
AI	是否采用 AI	当年使用 AI 技术则取 1，否则取 0	第二节筛选结果
lnasset	企业规模	期末资产总计，取对数	Wind 数据库
inno	研发密度	企业年度研发支出/销售收入	Wind 数据库
cr3	市场集中度	营业收入最大的 3 家企业占行业总营业收入之比	Wind 数据库
lnsubsidy	政府补贴	企业获取的政府补贴数据值 +1，取对数	Wind 数据库
power	市场势力	企业广告费用/销售收入	Wind 数据库
roa	资产净利率	Wind 数据库提供的总资产净利率	Wind 数据库
liquidty	资产流动性	（流动资产 - 流动负债）/总资产	Wind 数据库
loar	资产负债率	期末负债总额/期末资产总额	Wind 数据库
age	企业年龄	年份—企业成立时间	Wind 数据库
ownership	所有制结构	国企为 1，民企为 0	Wind 数据库
lngdp	省份生产总值	各省历年 GDP 数据，取对数	中国统计年鉴
market	省份市场化指数	上市公司所在省份的市场化指数	《中国分省份市场化指数报告》
dist	企业所在区域	东北、环渤海、东南、中部、西南、西北	—
year	年份虚拟变量	2015—2019 年	—
indu	是否为制造业	区分制造业和信息技术服务业	—

另外，企业进行研发决策时会面临融资约束，本节在模型中控制了资产净利率、资产流动性、资产负债率等因素。此外，控制了企业年龄、所有制结构、所在省生产总值、所在省市场化指数、所在区域虚拟变量、年份虚拟变量、是否为制造业等。在 Chamberlain RE Probit 模型估计中，与不可观测异质性相关的因素包括各样本企业的规模、市场力量、研发密度、资产净利率、资产流动性、资产负债率、所有权等2015—2019年的均值。

表6-4　　　　　　　　　变量统计描述

变量	观测值	均值	标准差	最小值	最大值
是否使用人工智能技术	1995	0.157	0.364	0	1
企业规模	1995	12.391	1.227	8.246	17.936
企业规模平方	1995	155.039	30.85	67.992	321.701
研发密度	1995	10.239	10.655	0	307.72
市场集中度	1995	6.422	10.043	0.12	25.58
政府补贴	1995	6.675	1.794	0	12.222
市场势力	1995	0.017	0.042	0	0.42
市场势力平方	1995	0.002	0.012	0	0.176
资产净利率	1995	0.046	0.118	-1.333	0.598
资产流动性	1995	0.347	0.245	-1.533	0.959
资产负债率	1995	34.686	19.095	2.26	177.54
所有制	1995	0.183	0.387	0	1
年龄	1995	17.599	5.782	2	61
所在省生产总值	1995	10.646	0.636	6.934	11.587
所在省市场化指数	1995	8.864	1.367	1	10
是否为制造业	1995	0.314	0.464	0	1

第四节 回归结果分析

一 基准模型回归结果

本节利用面板二值选择模型进行回归，回归结果见表6-5。其中，第（1）列和第（2）列为随机效应Probit和Logit模型的估计结果，第（3）列和第（4）列为张伯伦随机效应Probit和Logit模型估计结果。

企业规模与企业使用人工智能技术的概率存在显著的倒"U"形关系。第（1）列回归结果显示，企业规模的估计系数为正，企业规模平方项估计系数为负，且均具有统计显著性，说明适度规模可以提升企业使用人工智能技术的概率。考虑到企业不可观测异质性可能与解释变量存在相关性，本章利用张伯伦随机效应Probit模型和Logit模型进行了估计，回归结果表明，企业规模对使用人工智能技术概率的影响呈倒"U"形，回归结果支持假设1。

企业研发能力与使用人工智能技术的概率呈正相关关系，但缺乏稳健性。面板随机效应Probit模型和Logit模型回归结果显示，企业研发能力显著提升了企业转向使用人工智能技术的概率。进一步考虑企业不可观测异质性可能与解释变量存在相关性，张伯伦随机效应Probit和Logit模型回归结果显示，企业研发能力与使用人工智能技术的概率未呈现出显著的相关性，即研发能力未显著提升企业使用人工智能技术的概率，回归结果不支持假设2。

市场集中度与企业使用人工智能技术的概率呈反向变动关系。随机效应模型和张伯伦随机效应模型的估计结果均表明，市场集中度的回归系数为负，且具有统计显著性，说明市场集中度的提升显著降低了企业转向使用人工智能技术的概率，即市场的竞争性成分越大，企业越有激励使用人工智能技术。回归结果支持假设3。

政府补贴提升了企业使用人工智能技术的概率。第（1）列和第（2）列随机效应模型回归结果显示，政府补贴的系数显著为正，即政府补贴提升了企业使用人工智能技术的概率；在进一步考虑企业层面异质性与解释变量可能存在相关性的情况下，第（3）列和第（4）列回归结果显示，政府补贴显著提升了企业使用人工智能技术的概率。上述分析表明，政府补贴对企业使用人工智能技术具有正向激励作用，模型估计结果支持假设4。

表6-5 随机效应、张伯伦随机效应二值选择模型最大似然估计结果

	(1) 随机效应 Probit	(2) 随机效应 Logit	(3) 张伯伦随机效应 Probit	(4) 张伯伦随机效应 Logit
企业规模	8.511*** (2.713)	14.06*** (4.246)	6.623** (2.784)	11.30** (4.397)
企业规模平方	-0.296*** (0.104)	-0.491*** (0.162)	-0.294*** (0.108)	-0.502*** (0.171)
研发能力	0.0573** (0.0255)	0.0960** (0.0415)	-0.0213 (0.0411)	-0.0359 (0.0677)
市场集中度	-0.180*** (0.0484)	-0.284*** (0.0817)	-0.200*** (0.0542)	-0.327*** (0.0915)
政府补贴	0.490*** (0.164)	0.832*** (0.268)	0.577*** (0.185)	1.008*** (0.307)
市场势力	-4.010 (11.55)	-7.468 (18.47)	11.53 (14.25)	18.83 (23.90)
市场势力平方	-23.02 (44.29)	-34.69 (71.08)	-37.78 (44.42)	-60.10 (72.48)
资产净利率	-0.606 (1.507)	-0.784 (2.369)	1.752 (1.888)	3.041 (3.137)
资产流动性	0.922 (1.287)	1.473 (2.075)	-1.311 (1.816)	-2.265 (3.076)
资产负债率	-0.0357** (0.0166)	-0.0586** (0.0264)	-0.0331 (0.0278)	-0.0568 (0.0467)
所有制结构	-0.696 (0.638)	-1.149 (1.018)	2.907 (1.821)	4.957 (3.166)

续表

	(1)	(2)	(3)	(4)
	随机效应 Probit	随机效应 Logit	张伯伦随机效应 Probit	张伯伦随机效应 Logit
企业年龄	0.0774* (0.0437)	0.127* (0.0674)	0.0730 (0.0466)	0.125* (0.0724)
所在省生产总值	0.152 (0.575)	0.241 (0.885)	0.289 (0.590)	0.477 (0.919)
所在省市场化指数	0.106 (0.413)	0.209 (0.639)	-0.141 (0.422)	-0.243 (0.660)
是否为制造业	0.110 (1.013)	0.133 (1.735)	-0.116 (1.091)	-0.224 (1.872)
年份固定效应	已控制	已控制	已控制	已控制
区域固定效应	已控制	已控制	已控制	已控制
常数项	-65.77*** (18.73)	-108.9*** (29.37)	-80.41*** (20.48)	-137.0*** (33.00)
观测值	1995	1995	1995	1995
企业个数	399	399	399	399

注：括号内数值为标准误差，***、**和*分别表示1%、5%和10%的显著性水平。限于篇幅，张伯伦随机效应模型回归结果未汇报随时间变化的解释变量的时间均值（即与不可观测异质性相关的因素）的回归结果，下同。

二 稳健性检验

（一）允许被解释变量之间存在序列相关性

假定（3）要求以(x_{it}, c_i)为条件，各期的被解释变量之间相互独立。这是一个很强的假定。借鉴 Wooldridge（2010）的思路，本章放松假定（3），使用混合最大似然估计，回归结果见表6-6。回归结果显示，企业规模、市场集中度、研发能力、政府补贴等解释变量对企业使用人工智能技术概率的影响，在符号和统计显著性方面与基准回归的结论保持一致。

表6-6　二值选择模型、张伯伦二值选择模型混合最大似然估计结果

	(1) 随机效应 Probit	(2) 随机效应 Logit	(3) 张伯伦 Probit	(4) 张伯伦 Logit
企业规模	2.024*** (0.726)	4.086*** (1.440)	1.531*** (0.579)	3.113*** (1.121)
企业规模平方	-0.0713** (0.0287)	-0.147*** (0.0566)	-0.0675*** (0.0221)	-0.134*** (0.0427)
研发能力	0.0211*** (0.00584)	0.0375*** (0.0101)	0.00132 (0.0102)	0.00233 (0.0178)
市场集中度	-0.0387** (0.0190)	-0.0759** (0.0365)	-0.0430*** (0.0116)	-0.0868*** (0.0220)
政府补贴	0.126*** (0.0449)	0.258*** (0.0907)	0.182*** (0.0379)	0.365*** (0.0760)
观测值	1995	1995	1995	1995

注：***、**和*分别表示1%、5%和10%的显著性水平。其他控制变量与对应的基准回归保持一致。

（二）更换解释变量的衡量指标

首先，将企业规模的衡量指标替换为企业员工数量，回归结果见表6-7。模型回归结果显示，企业规模与企业使用人工智能技术概率之间呈显著的倒"U"形关系，回归结果支持假设1。其余解释变量的影响同基准回归结果保持一致。

表6-7　企业规模项的稳健性检验Probit模型回归结果

	最大似然估计		混合最大似然估计	
	随机效应 Probit	张伯伦随机效应 Probit	Probit	张伯伦 Probit
员工数量	2.770* (1.657)	4.169** (1.773)	1.209*** (0.372)	1.357*** (0.398)

续表

	最大似然估计		混合最大似然估计	
	随机效应 Probit	张伯伦随机效应 Probit	Probit	张伯伦 Probit
员工数量平方	-0.163 (0.108)	-0.311*** (0.119)	-0.0756*** (0.0243)	-0.0943*** (0.0264)
研发能力	0.0531** (0.0267)	-0.0243 (0.0389)	0.0191*** (0.00486)	0.000788 (0.0101)
市场集中度	-0.136** (0.0566)	-0.160** (0.0625)	-0.0321*** (0.0122)	-0.0361*** (0.0125)
政府补贴	0.616*** (0.205)	0.608*** (0.222)	0.163*** (0.0502)	0.145*** (0.0511)
观测值	1935	1935	1935	1935
企业数量	390	390	—	—

注：***、**和*分别表示1%、5%和10%的显著性水平。其他控制变量与对应的基准回归保持一致。

其次，将"营业收入前5名占该行业营业收入比例（cr5）""营业收入前8名占该行业营业收入比例（cr8）"作为市场集中度的衡量指标进行回归，结果见表6-8、表6-9。回归结果均显示，市场集中度越高，企业使用人工智能技术的概率越低，即市场竞争性的增强可以提升企业使用人工智能技术的概率。其他解释变量的影响与基本结论保持一致。

表6-8 以营收前五占行业营收的比例衡量市场集中度的回归结果

	最大似然估计		混合最大似然估计	
	随机效应 Probit	张伯伦随机效应 Probit	Probit	张伯伦 Probit
企业规模	8.096*** (2.695)	6.324** (2.781)	2.042*** (0.567)	1.545*** (0.580)

续表

	最大似然估计		混合最大似然估计	
	随机效应 Probit	张伯伦随机效应 Probit	Probit	张伯伦 Probit
企业规模平方	-0.282*** (0.104)	-0.281*** (0.108)	-0.0711*** (0.0221)	-0.0680*** (0.0222)
研发能力	0.0534** (0.0248)	-0.0244 (0.0409)	0.0218*** (0.00493)	0.00134 (0.0102)
市场集中度cr5	-0.125*** (0.0381)	-0.143*** (0.0425)	-0.0293*** (0.00841)	-0.0309*** (0.00863)
政府补贴	0.477*** (0.160)	0.560*** (0.180)	0.178*** (0.0365)	0.182*** (0.0379)
观测值	1995	1995	1995	1995
企业数量	399	399	—	—

注：***、**和*分别表示1%、5%和10%的显著性水平。其他控制变量与对应的基准回归保持一致。

表6-9　以营业收入前八占行业营业收入的比例衡量市场集中度的回归结果

	最大似然估计		混合最大似然估计	
	随机效应 Probit	张伯伦随机效应 Probit	Probit	张伯伦 Probit
企业规模	8.103*** (2.687)	6.373** (2.778)	2.051*** (0.568)	1.558*** (0.580)
企业规模平方	-0.282*** (0.103)	-0.283*** (0.108)	-0.0715*** (0.0221)	-0.0685*** (0.0222)
研发能力	-0.0965*** (0.0310)	-0.110*** (0.0345)	-0.0226*** (0.00673)	-0.0237*** (0.00692)

续表

	最大似然估计		混合最大似然估计	
	随机效应 Probit	张伯伦随机效应 Probit	Probit	张伯伦 Probit
市场集中度 cr8	0.0534 ** (0.0248)	-0.0247 (0.0409)	0.0218 *** (0.00493)	0.00142 (0.0102)
政府补贴	0.474 *** (0.159)	0.555 *** (0.179)	0.178 *** (0.0365)	0.182 *** (0.0379)
观测值	1995	1995	1995	1995
企业数量	399	399	—	—

注：***、** 和 * 分别表示1%、5%和10%的显著性水平。其他控制变量与对应的基准回归保持一致。

（三）更换被解释变量

利用第二节精确筛选环节所得人工智能关键词词频的统计数据，本章将核心的被解释变量重新定义如下：如果企业当年年报文件中人工智能相关关键词词频数量低于5，则 AI 取值为0；否则，赋值为1。利用面板二值选择模型进行估计，回归结果见表6-10。

表6-10　　　　　　　　更换被解释变量的回归结果

	最大似然估计		混合最大似然估计	
	随机效应 Probit	张伯伦随机效应 Probit	Probit	张伯伦 Probit
企业规模	3.505 *** (1.002)	3.081 *** (1.011)	2.149 *** (0.440)	1.781 *** (0.453)
企业规模平方	-0.119 *** (0.0391)	-0.117 *** (0.0397)	-0.0746 *** (0.0173)	-0.0720 *** (0.0174)
市场集中度	-0.0651 *** (0.0182)	-0.0698 *** (0.0186)	-0.0320 *** (0.00947)	-0.0332 *** (0.00955)

续表

	最大似然估计		混合最大似然估计	
	随机效应 Probit	张伯伦随机效应 Probit	Probit	张伯伦 Probit
研发能力	0.0345*** (0.0104)	0.00665 (0.0149)	0.0254*** (0.00439)	0.0123 (0.00850)
政府补贴	0.0827 (0.0533)	0.0918* (0.0548)	0.0934*** (0.0260)	0.0972*** (0.0266)
观测值	1995	1995	1995	1995
企业数量	399	399	—	—

注：***、**和*分别表示1%、5%和10%的显著性水平。其他控制变量与对应的基准回归保持一致。

首先，随机效应 Probit 模型回归结果显示，企业规模项估计系数显著为正，企业规模二次项估计系数显著为负，说明企业规模与使用人工智能技术的概率的关系为倒"U"形，研究结论支持假设1。其次，企业研发能力与使用人工智能技术的概率呈正相关，但缺乏稳健性，张伯伦随机效应 Probit 模型没有得到显著的正相关关系，回归结果不支持假设2。再次，市场集中度与企业使用人工智能技术的概率呈反向变动关系，不同回归模型均显示出了显著的负相关，说明市场的竞争性成分越大，企业越有激励使用人工智能技术，回归结果支持假设3。最后，政府补贴与企业使用人工智能技术的概率成正相关关系，回归结果显示，政府补贴能够显著的提升企业使用人工智能技术的概率，模型估计结果同样支持假设4。

（四）关于解释变量严格外生性的检验

上述分析过程都是在假定（2）成立的条件下分析的，即解释变量满足严格条件外生性。解释变量也可能存在相关性，如企业当期的利润率影响企业使用人工智能技术的决策（进而决定了下期是否开始使用人工智能技术），而企业是否使用人工智能技术又会影响到企业未来的利润率，导致利润率不满足严格外生性假定。本章借鉴 Wooldridge（2010）的思路，如果怀疑某个解释变量不满足严格外生性，在模型中加入该解释变量的下一期值，并利用 RE Probit 模型或者 Pooled Probit 模型进行估计。在零假设下，下一期解释变量的系数应该不显著。本节遵循该思路，对各解释变量进行了 Pooled Probit 估计，在5%的显著性水平下,仅资产流动性不满足零假设,其余解释变量均满足原假设,基本可以认为模型设定满足严格外生性假定。

三 政府补贴作用的进一步分析

本章在模型中引入了政府补贴与年份虚拟变量的交互项,分析政府补贴作用的年度差异。回归结果见表6-11。随机效应 Probit 模型估计结果显示,2015—2017年交互项对企业使用人工智能技术的概率虽然存在正向影响,但在统计意义上不显著。2018年政府补贴交互项呈现出了显著的正相关关系,即政府补贴项在2018年显著提升了对企业使用人工智能技术的概率。从边际效应上看,2018年政府补贴每增加一倍,企业使用人工智能技术的概率增加了约0.025。其他解释变量的回归结果与基准回归结论保持一致。考虑到企业异质性可能与解释变量存在相关性,我们进一步报告了张伯伦随机效应 Probit 模型估计结果,回归结果同样支持上述结论。

表6-11 加入政府补贴与年份虚拟变量交互项的估计结果

	随机效应 Probit 模型		张伯伦随机效应 Probit 模型	
	系数	APE	系数	APE
政府补贴(2015)	0.118 (0.867)	0.00348 (0.0256)	-0.0764 (0.926)	-0.00215 (0.0260)
政府补贴(2016)	0.358 (0.496)	0.0106 (0.0146)	0.366 (0.525)	0.0103 (0.0146)
政府补贴(2017)	0.201 (0.281)	0.00594 (0.00832)	0.171 (0.341)	0.00481 (0.00950)
政府补贴(2018)	0.857*** (0.261)	0.0253*** (0.00729)	0.874*** (0.318)	0.0245*** (0.00789)
政府补贴(2019)	0.293 (0.205)	0.00866 (0.00619)	0.298 (0.245)	0.00835 (0.00675)
观测值	1995	1995	1995	1995
企业数量	399	399	399	399

注:***、**和*分别表示1%、5%和10%的显著性水平。限于篇幅,回归结果仅汇报政府补贴与年份虚拟变量的交互项,其他控制变量与基准回归保持一致。

第五节　小结

一　主要结论

本章利用机器学习技术对上市公司年报文本信息进行关键词筛选，识别出了人工智能上市公司名单，梳理了中国人工智能技术创新扩散的总体特征。一是中国人工智能技术创新扩散在 2016 年、2017 年出现增长拐点，上市公司数量持续增长，成为扩散的爆发期。二是中国人工智能技术行业应用存在头部效应，智能安防、智慧金融、智慧商业成为应用成熟度较高的行业，其中，智慧金融、智慧商业等数字化程度较高的行业，这与人工智能技术特性相关，而智能安防的成熟应用与国外应用趋势有差异。

基于总体特征，本章进一步从微观视角分析了企业规模、研发能力、市场集中度、政府补贴等因素对人工智能技术创新扩散的影响，并提出相应的假说。进一步，本章构造了 2015—2019 年的面板数据，利用面板二值选择模型进行实证分析。结果表明，企业规模对人工智能技术创新扩散的影响呈倒"U"形，适度的企业规模有助于推动企业使用人工智能技术。企业研发能力对人工智能技术创新扩散具有促进作用，但在统计意义上缺乏显著性。市场竞争性程度、政府补贴均显著提升了企业使用人工智能技术的概率，推动技术创新扩散；并且政府补贴呈现出年度差异，2018 年政府补贴显著激励了企业转向使用人工智能技术。

企业基于自身发展需求和技术盈利性的预期，对是否采用人工智能技术作出决策，尤其受企业规模和市场集中度两个因素的影响。同时，政府补贴因素显著提升了企业使用人工智能技术的概率，并呈现出年度差异，尤其 2018 年显著激励了企业转向使用人工智能技术，因此有必要就政府补贴在人工智能技术创新扩散的作用进行探讨。

二　网络外部性、产业政策与市场预期

经济学上，外部性指一个经济主体的生产或消费直接影响到另一个经济主体的效用。网络外部性是外部性的特殊形式，即消费者得自某种商品（服务）的效用取决于消费这种商品（服务）的其他消费者数量。例如互联网技术服务具有网络外部性，用户使用互联网的收益取决于互联网已有用户的规模，用户规模越大，新用户使用互联网的收益就越大。人工智能技术服务同样具有网络外部性特征，人工智能技术需要海量数据做支撑，

更多的企业采用人工智能技术将产生更多的训练数据，进一步提高预测性能，提升了人工智能企业的（外部性）收益。

经济学研究表明：在技术不兼容时，网络外部性会影响创新的扩散。在需求侧，如果多个创新技术相互竞争，用户是否使用新技术取决于已有技术的网络外部性规模。如果已有技术具有较强的网络外部性，用户转向新技术需要承担较大的机会成本，而新技术在用户规模小的情况下无法为早期用户提供较高的收益，导致用户选择继续使用已有技术，延迟了创新的扩散。在人工智能技术创新扩散早期，网络外部性规模小，收益不足以吸引企业采用人工智能技术，导致人工智能技术创新扩散缓慢。

政府在扩散早期的积极作为可能是化解创新扩散延迟的一种手段。本章通过梳理中国人工智能政策发现，政府政策的密集出台与人工智能技术创新扩散总体特征在时间上具有一致性。2016 年以前，国家没有出台关于人工智能领域的专门性文件，在相关文件中零星提到人工智能产业发展问题。在缺乏利好的政策环境下，企业在人工智能技术应用所得收益存在较大的不确定性，面临高转换成本，缺乏足够的激励。2016 年、2017 年前后，人工智能发展开始上升到国家层面的高度，2017 年 7 月国务院发布《新一代人工智能发展规划》，对中国人工智能的发展进行了全面部署，被认为是中国人工智能发展的纲领性文件。随后，工信部、科技部陆续出台政策支持人工智能产业发展。人工智能相关政策文件数量持续增长，政策环境持续向好。各地方政府也纷纷响应国家号召，出台人工智能发展规划，抢占发展先机。截至 2019 年，北京、天津、江苏、上海、浙江、福建、广州等近 20 个省市先后发布了人工智能政策。

利好的政策环境为人工智能技术在产业间的扩散提供了良好的基础。在算力支撑方面，中国相继有八座超级计算中心建成或正在建设，为人工智能提供了强有力的算力支撑。[①] 在数据开放方面，在保证数据安全的前提下，部分行业数据可以向企业提供数据接口进行算法训练与性能提升，为推动人工智能技术应用提供了良好的软硬件支撑。政府在技术设施方面的投入建设降低了企业使用人工智能技术的投入成本，使人工智能技术应用有了数据、计算能力基础。另外，人工智能领域的政府补贴也在不断加大，各省、自治区、直辖市已经开始利用财政和土地税收政策补贴等方式进行人工智能产业扶持。

---

① 八座超级计算中心分别是天津、长沙、深圳、济南、广州、无锡、郑州、昆山。http://www.js.xinhuanet.com/2020－12/02/c_1126810008.htm。

政府关于人工智能技术相关政策频发，最重要的一点可能是政策传达出来的信号，即上市公司强烈感受到人工智能技术在政府强力支持下即将得到大规模应用，预期因之改变，进而推动技术应用的正反馈循环。在利好的发展环境下，2016年、2017年，人工智能上市公司开始出现了增长拐点。自2018年以来，随着各地方政府人工智能相关政策的出台，政策补贴力度的不断加大也激励了更多上市公司开始使用人工智能技术。

另外，政府作为需求方，通过购买服务推进人工智能技术应用。人工智能应用需要在新技术带来的安全效率提高与可能侵犯隐私之间权衡，不同社会强调的重点不一样。总体特征二表明，智能安防成为中国人工智能技术落地成熟的行业，即在权衡中我们更强调了安防带来的安全效率提高。这有两方面的原因：一方面，随着城镇化建设的推进，中国城市规模不断扩大，人口流动性和密集性持续增加，对系统化、网格化的社会治安体系的要求不断提升；另一方面，处于发展中国家的现实，人均收入水平不高，使得中国社会对于隐私度的强调相对要低于发达经济体。

三 从产业政策转向竞争政策的必要性

本章关于政府在人工智能创新技术扩散中作用的讨论表明，在早期网络外部性规模比较小的情况下，政府利好政策的出台以及政府补贴等相关措施可能是化解企业使用人工智能技术激励不足的一种可行手段。但并不意味着政府应当持久干预人工智能技术创新的扩散，政府补贴等产业政策能否起到激励创新的题中之义，仍然有待进一步研究。而且应当注意政府补贴、税收优惠等扶持性产业政策可能引发的人工智能产业重复建设、企业在低水平技术蜂拥而上的现象，以及可能引发的产能过剩、产业结构失衡、地方政府债务积累等问题（陈小亮和陈彦斌，2019；宋伟和夏辉，2019）。为进一步实现人工智能技术创新与各产业深入融合，推进人工智能技术创新扩散，政府政策有必要从产业政策向竞争政策转变。

首先，人工智能技术发展的历史表明，技术突破具有高度偶然性，事前很难确定哪些技术会成为主流，哪些技术会成功实现商用。例如，当前这一轮人工智能热潮可追溯到学术界的一项进展：辛顿等人2006年成功训练了一类特殊的神经网络——深度信念网络，重新点燃了学术界对人工神经网络的热情与信心，辛顿也因此获得了计算机科学最高奖——图灵奖。但是，自2012年以来在业界获得普遍应用的主流神经网络模型并不是深度信念网络，而是卷积神经网络和循环神经网络等。这表明，即使政府聘请顶尖的业内专家，也不一定能事先预测哪一类具体技术会成为市场应用的主流。

其次，从作者团体的调研经历看，人工智能是颠覆性的创新技术，其产业化应用面临一系列体制机制障碍，亟待更好发挥政府作用。例如，如何实现政府数据开放，兼顾效率与隐私；如何建立适应大数据、人工智能的监管体制等等，这些都需要制度创新。

再次，从国际经验看，发达国家关于人工智能的发展政策实际上不是传统的产业政策，而是竞争政策。例如，美国政府在制定与人工智能相关的政策时更加偏重于建设公平的市场环境，为企业发展扫除障碍，提供技术协助与发展机会。美国联邦政府2019年制定名为《美国人工智能倡议》的政府行政命令，而此文件实为框架性的产业战略，并没有详细的实施细则与明确规划。美国政府把更多政府资金和资源投入到人工智能的基础研究中，并积极建立以美国为首的人工智能产业国际标准，同时对美国工人的再培训展开新研究，以适应新发展态势的需求。

最后，从经济学原理分析，直接对相关企业进行财政补贴存在一系列弊端。例如，会扭曲资源配置，阻碍市场发挥资源配置的决定性作用，阻碍公平竞争。人工智能初创企业需要的巨额投资不是地方财政可以解决的，通过金融市场直接融资更有效率。

党的十八届三中全会提出"要发挥市场在资源配置中的决定性作用，更好发挥政府作用"。党的十九届四中全会在"加快完善社会主义市场经济体制"部分强调了"强化竞争政策基础地位"。当前，中国经济已由高速增长阶段转向高质量发展阶段。发展的这一阶段转变也适用于刚刚经历爆发期的人工智能行业。在人工智能技术创新扩散过程中，政府应当从产业政策向竞争政策转变，侧重提供良好的制度环境，更好发挥市场在资源配置中的决定性作用。具体建议如下。第一，政府不在人工智能或其细分领域以倾斜政策扶持所谓"龙头企业""领军企业"，文件不再提"龙头企业""领军企业"。"龙头企业""领军企业"应该是市场竞争的结果。第二，政府不强调人工智能核心产业或带动产业的具体规模、产值。第三，落实公平竞争审查制度，清理已出台人工智能和高科技相关政策文件中妨碍公平竞争、束缚民营企业发展、有违内外资一视同仁的政策措施，严格做好新出台文件的审查。第四，在政府与企业之间建立缓冲地带，政府补贴研发的专项资金主要投向大学、科研院所、独立实验室，不直接补贴企业。第五，避免以财政资金直接投资主导或撬动产业投资基金。

第七章 结论与政策建议

第一节 结论

本书研究人工智能应用领域的产业创新规律。在现有文献的基础上,本书明确了机器人和机器学习两种人工智能技术及其产业创新规律的差异。机器人技术是一项通用技术,而机器学习既是通用技术,又是"发明方法的发明"。相较于机器人技术,机器学习的应用对创新的影响更为深远。因此,本书的研究重点是以机器学习尤其是深度学习为代表的新一代人工智能技术的产业应用创新规律,兼及机器人技术扩散问题。

研究人工智能应用领域产业创新涉及两个基本问题:一是创新方式问题,分析利用人工智能技术创造新价值所采取的方式或途径。其中,平台创新和并购是两种常见的方式。二是创新的激励或扩散问题,分析市场竞争及政府政策如何影响人工智能技术的创新发展与扩散。围绕这两个基本问题,本书先对人工智能应用领域产业创新规律的一般理论机制进行了探讨,其次选取了三个案例进行了详细深入的研究,具体为算法驱动的平台创新规律、并购与人工智能芯片产业创新规律、机器人技术扩散规律,最后研究了以机器学习为主的新一代人工智能创新扩散规律,尤其是政府在其中的作用。通过这些研究,本书得出一系列新结论。

一 人工智能应用领域的创新方式

平台创新和并购是人工智能应用领域两种比较常见的创新方式。平台化组织模式可以很好地解决创新过程中的外部性问题,是企业利用人工智能技术进行创新的重要组织模式。并购是企业创新和获取新技术的主要路径,也是产业创新的重要方式。围绕平台创新与并购两种创新方式,本书分别选取流媒体行业与人工智能芯片设计行业展开研究,得出了以下主要结论。

(一) 算法驱动的平台创新呈现为一个基本模式和四个拓展模式

以信息流智能推荐为例，算法驱动的信息流智能推荐平台与传统的信息服务平台一样，都可以视作"多边市场"，作为多产品（服务）提供者，至少连接着内容生产者、消费者、广告商者三"边"，平台各边用户之间存在交叉网络外部性；平台对各边用户有定价能力，并依据交叉外部性制定最优的价格结构。

然而，与传统信息服务平台相比，信息流智能推荐平台在人工智能算法驱动下呈现出全面创新、持续创新的格局，即商业模式创新为主导和基本模式，同时包括了产品创新、流程创新和定位创新，而平台是推动创新的主要架构。算法驱动的平台创新的基本模式是商业模式创新：平台只负责信息分发，不直接生产信息内容；而在算法驱动下，实现了系统界面的"千人千面"，促进了市场供需双方的有效匹配。尤其是广告竞价系统，信息流智能推荐平台相对于搜索引擎的创新在于实现了广告与常规内容混排，可以根据更加细分的用户标签，进行个性化智能广告推荐；并且基于机器学习方法，对点击率（CTR）的预估更加准确。

在商业模式创新的基础上，算法驱动的平台创新还包括四种拓展模式。一是基于内部平台，持续推动产品系列创新。一般的创新模式是将智能化推荐核心技术应用到不同场景。产品商业化策略则往往遵循从定位创新到产品创新的顺序：首先在同一母产品内部做服务模式拓展和定位创新（如作为已有产品的一个频道或多边市场中新的"边"），基于已有的多边市场平台积累数据、开发数据新用途，条件成熟时再将其打造为独立产品。二是通过产业平台，推动生态系统中的内容生产者、广告商实现"互补性创新"，将算法驱动深入到内容生产过程、广告制作过程。三是平台竞争驱动下的差异化创新，体现在算法的偏向性上。以短视频行业为例，算法驱动平台之间的寡头竞争造成产品差异化，抖音与快手采取完全不同的业务模式，抖音相对彻底的算法主导与快手"算法+社交推荐"模式。四是企业内部组织结构创新。"U"型组织结构与算法驱动的平台是相互匹配的，"M"型组织结构则不适合算法驱动的平台，因为对于算法驱动的平台，不同产品背后的逻辑都是"多边平台模式+算法推荐"，其不同职能（多边平台不同"边"）之间的互补比不同产品之间的标杆竞争更重要；而且算法驱动的内部管理弥补了传统企业中"U"型组织的缺陷。这解释了腾讯在QQ/微信等产品取得巨大成功的同时，在信息流推荐产品开发方面却并不成功。

（二）并购与创新呈现正向关系

人工智能芯片设计行业是相关产业链的核心，商业发展与科技创新的内涵极为丰富。本部分研究发现，在思路层面，现行常见设计架构各有优劣势，仍有能突破和完善的潜在方向。在行业层面，巨头产生存在偶然性，技术创新具有强迭代性，既有企业常面临被超越风险；行业当前处于较初级阶段，未形成稳态垄断，高强度研发与高频率并购相结合的商业策略是常见发展模式，且并购与创新呈正向关系。

目前在该行业中，大量进行并购与创新两类活动的企业高度重合，且行业中尚缺乏二者呈现负相关关系的事实与案例，表明当前人工智能芯片设计行业中二者可能是相互促进的关系。就此我们进一步做了理论分析。就该关系成立的经济逻辑而言，在经济价值上，巨头面对行业技术发展的高度迭代性，通过并购扼杀或抑制创新缺乏实际意义。在企业发展上，通过并购吸收创新能够降低科研成本，减少无效投入。在策略选取上，巨头之间的竞争让并购投入形成"囚徒困境"，高频并购成为任意巨头的占优策略。在客观原因上，行业目前发展阶段较为初级，鲜有学界发现的可促使并购抑制创新的成因出现。

二 人工智能应用领域的创新激励

创新扩散是技术创新的重要环节，甚至比技术研发更重要，因为只有技术落地应用才能产生收益。创新扩散的一般规律表明，特定行业的创新扩散需要具体行业具体分析，没有适用所有技术、所有行业的统一路径。本书研究了人工智能应用领域的创新激励问题，也即人工智能的创新扩散过程，首先研究了机器人技术扩散问题，然后分析了以机器学习为代表的新一代人工智能技术的创新扩散。

理论研究表明，在人工智能创新扩散初期，市场竞争越激烈越有利于人工智能技术扩散，因为此时企业希望获得先发优势。但是，进入人工智能创新扩散后期，市场集中反而有利于机器人技术扩散。进一步，为了验证理论研究结论，我们开展了两项实证研究。一是以2003—2019年中国行业层面机器人使用的面板数据，实证研究了市场结构对工业机器人使用的影响。结果表明，提升市场竞争程度有利于提高工业机器人在工业行业中的扩散，部分验证了理论模型的结论，因为中国机器人技术扩散仍处于初期。二是以中国信息传输、软件和信息技术服务业和计算机、通信和其他电子设备制造业为例，实证研究2015—2019年以机器学习为代表的新一代人工智能技术在A股上市公司中的创新扩散。结果表明，市场竞争显著提升了企业使用人工智能技术的概率，推动了人工智能技术创新扩散。因此，这两项实证研究分别对应机器人技术和以机器学习为代表的新一代人工智能技术，均证实了理论研究结果，即市场竞争有利于人工智能创新扩散，因为目前中国仍处于人工智能技术扩散初期阶段。

另外，当前中国工业机器人渗透难，推广应用进程缓慢，与商业智能不同，当前工业领域数据积累量仍比较少，将人的经验固化到机器上更难，大多数行业处于工业机器人应用初期阶段，对劳动力市场影响仍不显著。虽然劳动力成本上升和"用工荒"是促进企业使用机器人，但由于机器换人的前期投入比较大、成本高，企业采取机器人生产的积极性仍比较低，需要政府重点关注机器人扩散中的技能人才和融资问题，因为提供技能人才供给、降低企业融资约束有利于机器人技术扩散。

而就以机器学习为代表的新一代人工智能技术而言，2016年、2017年是中国人工智能技术创新扩散的爆发期，无论主营业务涉及人工智能技术的上市公司数量，还是人工智能技术应用的行业广度，都出现了爆发性增长。与国外发展不同，中国人工智能技术应用主要方向为智能安防、智慧金融、智慧商业，尤其是智能安防成为应用最热的行业。这种创新扩散总体特征与政府政策因素密切相关。2016年、2017年人工智能发展受到国家层面重视，利好政策环境可以正面影响市场预期，带动了人工智能上市公司数量出现爆发式增长以及应用行业拓展。而且，2018年政府补贴显著提升了人工智能技术的创新扩散。但是，政府补贴等选择性产业政策能否起到激励企业创新，仍然有待进一步研究，应当注意政府补贴、税收优惠等扶持性产业政策可能引发的各地人工智能产业重复建设、企业在低水平技术蜂拥而上的现象。

第二节　政策建议

本书对人工智能应用领域产业创新规律的研究，对进一步促进中国人工智能应用领域的产业创新具有重要的政策含义。由于不同行业应用人工智能技术创新所面临的创新基础、创新环境、创新规律各不相同，相关的政策建议需要具备针对性。为此，对应到我们以上研究的案例行业，为这些行业的发展提出针对性的政策建议。值得注意的是，虽然这些建议和讨论局限于本书选取的特定案例行业，但是其基本逻辑可以适度扩展到具有类似特征的产业中。以平台创新为例，电子商务、智能出行等行业与本书选取的流媒体行业具有高度相似性，应用人工智能技术进行产业创新也会引发数据产权、反垄断、平台治理等公共政策问题。本书提出的相关建议对其发展也具有指导意义。从这个意义上，本书提出的政策建议具有较好的一般性。

一　人工智能应用领域的创新方式

虽然平台创新和并购都是人工智能应用领域两种重要的创新方式，但是并购有利于人工智能芯片设计领域的产业创新，而算法驱动的平台创新则引发了一系列的公共政策问题。

第一，对算法驱动的平台创新，政府应当发挥监管和引导作用，引导算法驱动的平台健康发展。一是在充分发挥人工智能赋能，提高资源配置效率的同时，要避免造成抖音"沉迷"不利影响，尤其是未成年人"沉迷"信息流推荐产品问题。当前，抖音等应用程序已按照监管要求，专门设置青少年模式，选择自然科普、人文历史、热门动画等内容，排除广告并控制观看时长。这样的监管要求是必要的。二是有序合理开展反垄断、隐私与数据产权的监管和治理。为了促进市场效率，政府应当监管"链接封禁"，促进平台之间的互联互通。平台应该开放端口，允许来自其他平台的链接；但是，其他平台应该为获得开放付费。至于接入价格，可以由交易双方谈；在垄断情形下，甚至可以纳入监管。接入价格机制的形成，是值得进一步研究的问题。当然，在开放数据连接的过程中，应注意保护用户隐私问题。就此可以设定一些具体机制，而不是仅仅因为保护隐私就放弃了开放的数字经济生态。例如可以让用户本人做选择，在这方面可借鉴欧盟提出的"数据可携带权"。三是强化低俗内容与平台治理。在算法推荐之中，主动的平台干预、平台治理仍是不可缺少的。政府应当强化平台主体责任，要求平台加强正面引导和强化内容审核，引导健康的平台环境。

第二，中国人工智能芯片产业领域发展仍比较滞后，需要政府政策的支持引导。政府在对行业内兼并行为开展反垄断审查和监管时，既要考虑到兼并行为可能造成的社会福利损失，又要考虑兼并对行业创新发展的影响。与此同时，政府可以引导行业多维度多方向创新，突出政策普惠性，并为吸收国外优势技术提供便利。当前人工智能行业整体在全球范围内都尚处于发展较为初级的阶段，并购有利于人工智能芯片行业的创新。为此，政府在开展行业内兼并行为反垄断审查和监管中，既要考虑兼并行为可能造成的社会福利损失，也要其对行业创新发展的影响。就目前阶段，行业内企业之间进行兼并，有助于促进优势技术与设计思路有效聚集，形成多家人工智能芯片行业的巨头企业，与欧美形成有力竞争，避免本土新兴科创企业被外国巨头并购。

与此同时，政府可以引导中国人工智能芯片设计领域的相关企业和科研机构多个维度多个方向进行创新突破，不断更新人工智能芯片设计领域的开发角度与研究思路，充分理解与消化现有的较为先进的技术路径与发展思路，弱化技术壁垒，实现行业跨越式发展。但是，政府政策应突出普惠性，不应指明或强调具体的技术路线，让行业内所有企业的潜在研究路线都能享受到政策层面的有力支持，在各自研究方向大胆进行深度尝试，促进优势技术路线的落地，以此助推中国企业实现跨越式发展。而且，政府可以为行业内中资企业进行海外并购搭建合理投资平台，提供有效信息和便利，吸收外国优势技术创新。

二　人工智能应用领域的创新激励

从机器人技术和以机器学习为代表的新一代人工智能扩散规律可知，市场竞争和政府均可以在推动人工智能创新扩散中发挥积极作用。为进一步推动人工智能应用领域的创新扩散，要推动有效市场和有为政府更好结合，充分发挥市场在资源配置中的决定性作用，强化市场公平竞争；更好发挥政府作用，强化竞争政策基础地位，以制度创新营造创新扩散的良好环境。

第一，充分发挥市场在资源配置中的决定性作用，强化市场公平竞争。机器人技术扩散规律表明，当前中国仍处于机器人技术扩散初期，市场集中度过高不利于机器人技术扩散和推广应用。政府应当坚持市场在资源配置中起决定性作用，强化市场竞争作用，强化市场反垄断监管，促进企业采用机器人技术生产的激励。与此同时，重点关注市场集中度较高的行业，其机器人技术扩散应用推广程度比较低且进程较为缓慢。

以机器学习为代表的人工智能创新扩散规律同样表明，政府补贴、税收优惠等扶持性产业政策可能引发的人工智能产业重复建设、企业在低水平技术蜂拥而上的现象，以及可能引发的产能过剩、产业结构失衡等问题。在人工智能技术创新扩散过程中，政府应当侧重提供良好的制度环境，更好发挥市场在资源配置中的决定性作用。落实公平竞争审查制度，清理已出台人工智能和高科技相关政策文件中妨碍公平竞争、束缚民营企业发展、有违内外资一视同仁的政策措施，严格做好新出台文件的审查。

第二，更好发挥政府作用，强化竞争政策基础地位，以制度创新营造创新扩散的良好环境。政府可以在创新扩散的早期有所作为，但是政府政策有必要从产业政策向竞争政策转变。通过梳理中国人工智能政策发现，政府政策的密集出台与人工智能技术创新扩散总体特征在时间上具有一致性。政府在扩散早期的积极作为可能是化解创新扩散延迟的一种手段。政府可以出台相关扶持政策，或是直接进行政府购买，通过购买服务推进人工智能技术应用。但这并不意味着政府应当持久干预人工智能技术创新的扩散，而且政府政策有必要从产业政策转为竞争政策，进行制度创新。人工智能技术发展的历史表明，技术突破具有高度偶然性，事前很难确定哪些技术会成为主流，哪些技术会成功实现商用，因而产业政策很难成功。政府不应强调人工智能核心产业或带动产业的具体规模、产值。在政府与企业之间建立缓冲地带，政府补贴研发的专项资金应主要投向大学、科研院所、独立实验室，不直接补贴企业，避免以财政资金直接投资主导或撬动产业投资基金。政府不应在人工智能或其细分领域以倾斜政策扶持所谓"龙头企业""领军企业"，文件不再提"龙头企业""领军企业"。"龙头企业""领军企业"应该是市场竞争的结果。

进一步，人工智能是颠覆性的创新技术，其产业化应用面临一系列体制机制障碍，亟待更好发挥政府作用。例如，如何实现政府数据开放，兼顾效率与隐私；如何建立适应大数据、人工智能的监管体制等等，这些都需要制度创新。更为具体地，就推动机器人技术的创新扩散而言，政府应当需要解决机器人技术产业应用过程中面临的人才、资金等问题，加强工业技术复合型人才培养，解决技能人才短缺问题，通过再培训被机器人替代的生产工人和加强职业教育等方式，缓解当前技能人才短缺问题；提供一些普惠性的税收优惠或补贴政策，缓解企业融资约束，重点关注中小企业等融资问题。

参考文献

中文文献

埃德·斯珀林、李应选:《人工智能开始重塑芯片设计》,《第六届航天电子战略研究论坛论文集》2019年第1期。

安同良、周绍东、皮建才:《R&D补贴对中国企业自主创新的激励效应》,《经济研究》2009年第10期。

蔡跃洲、陈楠:《新技术革命下人工智能与高质量增长、高质量就业》,《数量经济技术经济研究》2019年第5期。

曹欢欢:《今日头条推荐系统原理》,2018年1月,36氪网站(https://36kr.com/p/1722189037569)。

陈爱贞、张鹏飞:《并购模式与企业创新》,《中国工业经济》2019年第12期。

陈秋霖、许多、周羿:《人口老龄化背景下人工智能的劳动力替代效应——基于跨国面板数据和中国省级面板数据的分析》,《中国人口科学》2019年第6期。

陈小亮、陈彦斌:《发展人工智能的产业政策存在的问题与调整思路》,《人文杂志》2019年第11期。

陈彦斌、林晨、陈小亮:《人工智能、老龄化与经济增长》,《经济研究》2019年第7期。

抖音、巨量算数:《2020抖音创作者生态报告》,2020年10月,巨量引擎官网(https://trendinsight.oceanengine.com/api/pdfjs/view.html?file=https://trendinsight.oceanengine.com/api/open/download/1.pdf)。

杜传忠、刘志鹏:《学术型创业企业的创新机制与政策激励效应——基于人工智能产业A股上市公司数据的数值模拟分析》,《经济与管理研究》2019年第6期。

杜创:《网络外部性、临界容量与中国互联网普及进程》,《社会科学战线》2019年第6期。

高蕾、符永铨、李东升、廖湘科：《我国人工智能核心软硬件发展战略研究》，《中国工程科学》2021 年第 3 期。

葛悦涛、任彦：《2020 年人工智能芯片技术发展综述》，《无人系统技术》2021 年第 2 期。

郭晗：《人工智能培育中国经济发展新动能的理论逻辑与实践路径》，《西北大学学报》（哲学社会科学版）2019 年第 5 期。

郭凯明：《人工智能发展、产业结构转型升级与劳动收入份额变动》，《管理世界》2019 年第 7 期。

郭敏、方梦然：《人工智能与生产率悖论：国际经验》，《经济体制改革》2018 年第 5 期。

胡滨雨、郭敏杰：《中国人工智能芯片期待突破》，《中国电信业》2021 年第 4 期。

胡文伟、李湛：《不同融资方式下的科技企业并购绩效比较研究——基于因子分析与 Wilcoxon 符号秩检验的实证分析》，《上海经济研究》2019 年第 11 期。

贾夏利、刘小平：《中美人工智能竞争现状对比分析及启示》，《世界科技研究与发展》2022 年第 4 期。

蒋弘、李芃、龚雪：《并购融资决策影响下的企业技术创新》，《技术经济》2022 年第 3 期。

孔高文、刘莎莎、孔东民：《机器人与就业——基于行业与地区异质性的探索性分析》，《中国工业经济》2020 年第 8 期。

寇宗来、高琼：《市场结构、市场绩效与企业的创新行为——基于中国工业企业层面的面板数据分析》，《产业经济研究》2013 年第 3 期。

黎文靖、郑曼妮：《实质性创新还是策略性创新？——宏观产业政策对微观企业创新的影响》，《经济研究》2016 年第 4 期。

李磊、徐大策：《机器人能否提升企业劳动生产率？——机制与事实》，《产业经济研究》2020 年第 3 期。

林建浩、赵子乐：《均衡发展的隐形壁垒：方言、制度与技术扩散》，《经济研究》2017 年第 9 期。

刘超、傅若瑜、李佳慧、周文文：《基于 DEA - Tobit 方法的人工智能行业上市公司融资效率研究》，《运筹与管理》2019 年第 6 期。

刘刚等：《智能经济发展的中国逻辑》，中国财政经济出版社 2021 年版。

吕越、谷玮、包群：《人工智能与中国企业参与全球价值链分工》，《中国工业经济》2020 年第 5 期。

马依璇、邓雅婷、李晓彤、张哲彰:《跨国并购对企业自主创新的影响研究》,《经营与管理》2022 年第 6 期。

毛其淋、许家云:《政府补贴对企业新产品创新的影响——基于补贴强度"适度区间"的视角》,《中国工业经济》2015 年第 6 期。

梅丹琳:《英伟达在人工智能芯片领域的破坏性创新研究》,《今传媒》2018 年第 11 期。

梅亮、陈劲、吴欣桐:《责任式创新范式下的新兴技术创新治理解析——以人工智能为例》,《技术经济》2018 年第 1 期。

[美]伊恩·古德费洛:《深度学习》,赵申剑等译,人民邮电出版社 2017 年版。

聂辉华、谭松涛、王宇锋:《创新、企业规模和市场竞争——基于中国企业层面的面板数据分析》,《世界经济》2008 年第 7 期。

任继球:《澄清认识,加快构建"卡脖子"技术攻关长效机制》,《宏观经济管理》2021 年第 4 期。

任曙明、许梦洁、王倩、董维刚:《并购与企业研发:对中国制造业上市公司的研究》,《中国工业经济》2017 年第 7 期。

商惠敏:《人工智能芯片产业技术发展研究》,《全球科技经济瞭望》2021 年第 12 期。

史入文:《美国人工智能芯片研发动态》,《上海信息化》2019 年第 11 期。

宋伟、夏辉:《地方政府人工智能产业政策文本量化研究》,《科技管理研究》2019 年第 10 期。

孙早、郭林生、肖利平:《企业规模与企业创新倒 U 型关系再检验——来自中国战略性新兴产业的经验证据》,《上海经济研究》2016 年第 9 期。

王晨、邓昌义、李嘉伟、李郁佳:《人工智能芯片测评研究现状及未来研究趋势》,《新型工业化》2021 年第 10 期。

王春超、丁琪芯:《智能机器人与劳动力市场研究新进展》,《经济社会体制比较》2019 年第 2 期。

王世强:《平台化、平台反垄断与我国数字经济》,《经济学家》2022 年第 3 期。

王维、李宏扬:《新一代信息技术企业技术资源、研发投入与并购创新绩效》,《管理学报》2019 年第 3 期。

王文、牛泽东、孙早:《工业机器人冲击下的服务业:结构升级还是低端锁定》,《统计研究》2020 年第 7 期。

王晓晔：《数字经济反垄断监管的几点思考》，《社会科学文摘》2021 年第 8 期。

王砚羽、苏欣、谢伟：《商业模式采纳与融合："人工智能+"赋能下的零售企业多案例研究》，《管理评论》2019 年第 7 期。

王艳、阚铄：《企业文化与并购绩效》，《管理世界》2014 年第 11 期。

王永钦、董雯：《机器人的兴起如何影响中国劳动力市场？——来自制造业上市公司的证据》，《经济研究》2020 年第 10 期。

吴清军、陈轩、王非、杨伟国：《人工智能是否会带来大规模失业？——基于电商平台人工智能技术、经济效益与就业的测算》，《山东社会科学》2019 年第 3 期。

吴延兵：《创新的决定因素——基于中国制造业的实证研究》，《世界经济文汇》2008 年第 2 期。

吴延兵：《企业规模、市场力量与创新：一个文献综述》，《经济研究》2007 年第 5 期。

徐国亮、陈淑珍：《中美人工智能专用芯片龙头企业发展路线对比研究》，《生产力研究》2020 年第 5 期。

许和连、孙天阳、吴钢：《贸易网络地位、研发投入与技术扩散——基于全球高端制造业贸易数据的实证研究》，《中国软科学》2016 年第 9 期。

杨光、侯钰：《工业机器人的使用、技术升级与经济增长》，《中国工业经济》2020 年第 10 期。

杨青、周绍妮：《技术并购、技术创新绩效与盈余持续性》，《经济经纬》2021 年第 6 期。

姚颐、徐亚飞、凌玥：《技术并购、市场反应与创新产出》，《南开管理评论》2022 年第 3 期。

叶光亮、程龙：《论纵向并购的反竞争效应》，《中国社会科学》2019 年第 8 期。

尹首一、郭珩、魏少军：《人工智能芯片发展的现状及趋势》，《科技导报》2018 年第 17 期。

余玲铮、魏下海、吴春秀：《机器人对劳动收入份额的影响研究——来自企业调查的微观证据》，《中国人口科学》2019 年第 4 期。

余明桂、范蕊、钟慧洁：《中国产业政策与企业技术创新》，《中国工业经济》2016 年第 12 期。

张兵、孙红艳、程新生、李倩、黄立新：《科技型企业并购与创新激励》，《科研管理》2021 年第 5 期。

周黎安、罗凯:《企业规模与创新:来自中国省级水平的经验证据》,《经济学(季刊)》2005 年第 3 期。

朱恒鹏:《企业规模、市场力量与民营企业创新行为》,《世界经济》2006 年第 12 期。

英文文献

Abeliansky, Ana; Prettner, Klaus. "Automation and Demographic Change", *SSRN Electronic Journal Working Paper*, No. 2959977, 2017.

Acemoglu, Daron; Lelarge, Claire; Restrepo, Pascual. "Competing with Robots: Firm-Level Evidence from France", *NBER Working Paper*, No. 26738, 2020a.

Acemoglu, Daron; Manera, Andrea; Restrepo, Pascual. "Does the US Tax Code Favor Automation?", *NBER Working Paper*, No. 27052, 2020b.

Acemoglu, Daron; Restrepo, Pascual. "Artificial Intelligence, Automation and Work", *NBER Working Paper*, No. 24196, 2018a.

Acemoglu, Daron; Restrepo, Pascual. "The Race between Man and Machine: Implications of Technology for Growth, Factor Shares, and Employment", *The American Economic Review*, Vol. 108, No. 6, 2018b.

Acemoglu, Daron; Restrepo, Pascual. "Automation and New Tasks: The Implications of the Task Content of Production for Labor Demand", *Journal of Economic Perspectives*, Vol. 33, No. 2, 2018c.

Acemoglu, Daron; Restrepo, Pascual. "Demographics and Automation", *The Review of Economic Studies*, Vol. 89, No. 1, 2022.

Aghion, Philippe; Bloom, Nick; Blundell, Richard; Griffith, Rachel; Howitt, Peter. "Competition and Innovation: An Inverted-U Relationship", *The Quarterly Journal of Economics*, Vol. 120, No. 2, 2005.

Aghion, Philippe; Dechezleprêtre, Antoine; Hemous, David; Martin, Ralf; Reenen, John. "Carbon Taxes, Path Dependency, and Directed Technical Change: Evidence from the Auto Industry", *Journal of Political Economy*, Vol. 124, No. 1, 2016.

Aghion, Philippe; Jones, Benjamin; Jones, Charles. "Artificial Intelligence and Economic Growth", *NBER Working Paper*, No. 23928, 2017.

Aghion, Philippe; Reenen, John; Zingales, Luigi. "Innovation and Institutional Ownership", *The American Economic Review*, Vol. 103, No. 1, 2013.

Agrawal, Ajay; Gans, Joshua; Goldfarb, Avi. "Exploring the Impact of Artificial Intelligence: Prediction versus Judgment", *Information Economics and Policy*, Vol. 47, 2019.

Armstrong, Mark. "Competition in Two-Sided Markets", *RAND Journal of Economics*, Vol. 37, No. 3, 2006.

Arntz, Melanie; Gregory, Terry; Zierahn, Ulrich. "The Risk of Automation for Jobs in OECD Countries: A Comparative Analysis", *OECD Social, Employment and Migration Working Paper*, No. 189, 2016.

Arrow, Kenneth. "Economic Welfare and the Allocation of Resources for Invention." In *The Rate and Direction of Inventive Activity* edited by Richard R. Nelson, Princeton University Press, 1962.

Atanassov, Julian. "Do Hostile Takeovers Stifle Innovation? Evidence from Antitakeover Legislation and Corporate Patenting", *The Journal of Finance*, Vol. 68, No. 3, 2013.

Autor, David; Levy, Frank; Murnane, Richard. "The Skill Content of Recent Technological Change: An Empirical Exploration", *The Quarterly Journal of Economics*, Vol. 118, No. 4, 2003.

Autor, David; Salomons, Anna. "Is Automation Labor-Displacing? Productivity Growth, Employment, and the Labor Share", *NBER Working Paper*, No. w24871, 2018.

Bloom, Nicholas; Garicano, Luis; Sadun, Raffaella; Reenen, John. "The Distinct Effects of Information Technology and Communication Technology on Firm Organization", *Management Science*, Vol. 60, No. 12, 2014.

Blundell, Richard; Griffith Rachel; Reenen, John. "Dynamic Count Data Models of Technological Innovation", *The Economic Journal*, Vol. 105, No. 429, 1995.

Blundell, Richard; Griffith, Rachel; Reenen, John. "Market Share, Market Value and Innovation in a Panel of British Manufacturing Firms", *The Review of Economic Studies*, Vol. 66, No. 3, 1999.

Braga, Helson; Willmore, Larry. "Technological Imports and Technological Effort: An Analysis of their Determinants in Brazilian Firms", *The Journal of Industrial Economics*, Vol. 39, No. 4, 1991.

Bresnahan, Timothy; Trajtenberg, Manuel. "General Purpose Technologies 'Engines of Growth'?", *Journal of Econometrics*, Vol. 65, No. 1, 1995.

Broadberry, Stephen; Crafts, Nicholas. "Competition and Innovation in 1950's Britain", *Economic History Working Papers*, No. 5700, 2000.

Bryan, Kevin; Hovenkamp, Erik. "Antitrust Limits on Startup Acquisitions", *Review of Industrial Organization*, Vol. 56, No. 2, 2020.

Brynjolfsson, Erik; McAfee, Andrew. *The Second Machine Age*. Norton & Company, 2014.

Brynjolfsson, Erik; McElheran, Kristina. "The Rapid Adoption of Data-Driven Decision-Making", *The American Economic Review*, Vol. 106, No. 5, 2016.

Brynjolfsson, Erik; Hitt, Lorin. "Beyond Computation: Information Technology, Organizational Transformation and Business Performance", *The Journal of Economic Perspectives*, Vol. 14, No. 4, 2000.

Chamberlain, Gary. "Analysis of Covariance with Qualitative Data", *The Review of Economic Studies*, Vol. 47, No. 1, 1980.

Chandler, Alfred Jr. *Strategy and Structure*, Beard Books, 1962.

Chandler, Alfred Jr. *The Visible Hand: The Managerial Revolution in American Business*. Cambridge, Mass.: Belknap Press of Harvard University Press, 1977.

Cheng, Hong; Jia, Ruixue; Li, Dandan; Li, Hongbin. "The rise of robots in China", *The Journal of Economic Perspectives*, Vol. 33, No. 2, 2019.

Chui, Michael. *Artificial Intelligence: The Next Digital Frontier?* McKinsey and Company Global Institute, 2017.

Cockburn, Iain; Henderson, Rebecca; Stern, Scott. "The Impact of Artificial Intelligence on Innovation: An Exploratory Analysis." In *The Economics of Artificial Intelligence: An Agenda*, edited by Ajay Agrawal, Joshua Gans, Avi Goldfarb, University of Chicago Press, 2019.

Dubé, Jean-Pierre; Misra, Sanjog. "Personalized Pricing and Consumer Welfare", *NBER Working Paper*, No. 23775, 2017.

Edelman, Benjamin; Ostrovsky, Michael; Schwarz, Michael. "Internet Advertising and the Generalized Second-Price Auction: Selling Billions of Dollars Worth of Keywords", *The American Economic Review*, Vol. 97, No. 1, 2007.

Evans, David; Schmalensee, Richard. "Failure to Launch: Critical Mass in Platform Businesses", *Review of Network Economics*, Vol. 9, No. 4, 2010.

Fan, Haichao; Hu, Yichuan; Tang, Lixin. "Labor Costs and the Adoption of Robots in China", *Journal of Economic Behavior & Organization*,

Vol. 186, 2021.

Farrell, Joseph; Saloner, Garth. "Installed Base and Compatibility: Innovation, Product Preannouncements, and Predation", *The American Economic Review*, Vol. 76, No. 5, 1986.

Farrell, Joseph; Shapiro, Carl. "Horizontal Mergers: An Equilibrium Analysis", *The American Economic Review*, Vol. 80, No. 1, 1990.

Francis, Dave; Bessan, John. "Targeting Innovation and Implications for Capability Development", *Technovation*, Vol. 25, No. 3, 2005.

Freeman, Chris; Soete, Luc. *The Economics of Industrial Innovation* [3 ed], Routledge, 1997.

Frey, Cal Benedikt; Osborne, Michael. "The Future of Employment: How Susceptible are Jos to Computerisation?", *Technological Forecasting and Social Change*, Vol. 114, 2017.

Galbraith, John Kenneth. *American Capitalism*, Houghton Mifflin, 1956.

Gawer, Annabelle; Cusumano, Michael. *Platform Leadership: How Intel, Microsoft, and Cisco Drive Industry Innovation*, Harvard Business School Press, 2002.

Gawer, Annabelle; Cusumano, Michael. "How Companies Become Platform Leaders", *MIT Sloan Management Review*, Vol. 49, No. 2, 2008.

Gawer, Annabelle; Cusumano, Michael. "Industry Platforms and Ecosystem Innovation", *Journal of Product Innovation Management*, Vol. 31, No. 3, 2013.

Geroski, Paul. *Market Structure, Corporate Performance and Innovative Activity*, Oxford: Clarendon Press. 1994.

Geroski, Paul. "Models of Technology Diffusion", *Research Policy*, Vol. 29, No. 4 – 5, 2000.

Gilbert, Richard; Newbery, David. "Preemptive Patenting and the Persistence of Monopoly", *The American Economic Review*, Vol. 72, No. 3, 1982.

Goodfellow, Ian; Bengio, Yoshua; Courville, Aaron. *Deep Learning*. MIT Press, 2016.

Graetz, Georg; Michaels, Guy. "Robots at Work", *The Review of Economics and Statistics*, Vol. 100, No. 5, 2018.

Greenstein, Shane. "Innovative Conduct in Computing and Internet Markets", in the *Handbook of Economics of Innovation* Edited by Bronwyn Hall, Nathan

Rosenberg, 2010.

Griliches, Zvi. "Hybrid Corn: An Exploration in the Economics of Technological Change", *Econometrica*, Vol. 25, No. 4, 1957.

Hadlock, Charles; Pierce, Joshua. "New Evidence on Measuring Financial Constraints: Moving Beyond the KZ Index", *The Review of Financial Studies*, Vol. 23, No. 5, 2010.

Hinton, Geoffrey; Osindero, Simon; Teh, Yee-Whye. "A Fast Learning Algorithm for Deep Belief Nets", *Neural Computation*, Vol. 18, No. 7, 2006.

Hitt, Michael; Hoskisson, Robert; Ireland, Duane; Harrison, Jeffrey. "Effects of Acquisitions on R&D Inputs and Outputs", *The Academy of Management Journal*, Vol. 34, No. 3, 1991.

Jadlow, Joseph. "New Evidence on Innovation and Market Structure", *Managerial and Decision Economics*, Vol. 2, No. 2, 1981.

Kamepalli, Sai Krishna; Rajan, Raghuram; Zingales, Luigi. "Kill Zone", *NBER Working Papers*, No. 27146, 2020.

Kaplan, A. D. H. *Big Enterprise in a Competitive System*, Washington, D. C., 1954.

Katz, Barbara Goody; Phillips, Almarin. "The Computer Industry." In *Government and Technical Progress: A Cross-Industry Analysis* edited by Richard R. Nelson, New York: Pergamon Press, 1982.

Koch, Michael; Manuylov, Ilya; Smolka, Marcel. "Robots and Firms", *The Economic Journal*, Vol. 131, No. 638, 2021.

Korinek, Anton; Stiglitz, Joseph. "Artificial Intelligence and Its Implications for Income Distribution and Unemployment", *NBER Working Paper*, No. 24174, 2017.

Kraft, Kornelius. "Market Structure, Firm Characteristics and Innovative Activity", *The Journal of Industrial Economics*, Vol. 37, No. 3, 1989.

Lerner, Josh; Sorensen, Morten; Stromberg, Per. "Private Equity and Long-Run Investment: The Case of Innovation", *The Journal of Finance*, Vol. 66, No. 2, 2011.

Levin, Richard; Coben, Wesley; Mowery, David. "R&D Appropriability, Opportunity and Market Structure: New Evidence on Some Schumpeterian Hypotheses", *The American Economic Review*, Vol. 75, No. 2, 1985.

Loeb, Peter; Lin, Vincent. "Research and Development in the Pharmaceutical

Industry-A Specification Error Approach", *The Journal of Industrial Economics*, Vol. 26, No. 1, 1977.

Mansfield, Edwin. "Technical Change and the Rate of Imitation", *Econometrica*, Vol. 29, No. 4, 1961.

Mansfield, Edwin. "Technological Change in Robotics: Japan and the United States", *Managerial and Decision Economics*, Vol. 10, 1989.

Maskin, Eric; Qian, Yingyi; Xu, Chenggang. "Incentives, Information, and Organizational Form", *The Review of Economic Studies*, Vol. 67, No. 2, 2000.

McCulloch, Warren; Pitts, Walter. "A Logical Calculus of the Ideas Immanent in Nervous Activity", *The Bulletin of Mathematical Biophysics*, Vol. 5, 1943.

Mokyr, Joel. "The Past and the Future of Innovation: Some Lessons from Economic History", *Explorations in Economic History*, Vol. 69, 2018.

Nickell Stephen J. "Competition and Corporate Performance", *Journal of Political Economy*, Vol. 104, No. 4, 1996.

Nielsen, Michael. *Neural Networks and Deep Learning*. Determination Press, 2015.

Nilsson, Nils. *The Quest for Artificial Intelligence: A History of Ideas and Achievements*. Cambridge University Press, 2010.

Postrel, Steven. "Competing Networks and Proprietary Standards: The Case of Quadraphonic Sound", *Journal of Industrial Economics*, Vol. 39, No. 2, 1990.

Prabhu, Jaideep; Chandy, Rajesh; Ellis, Mark. "The Impact of Acquisitions on Innovation: Poison Pill, Placebo, or Tonic?", *Journal of Marketing*, Vol. 69, No. 1, 2005.

Rochet, Jean-Charles; Tirole, Jean. "Platform Competition in Two-Sided Markets", *Journal of the European Economic Association*, Vol. 1, No. 4, 2003.

Rochet, Jean-Charles; Tirole, Jean. "Two-Sided Markets: A Progress Report", *RAND Journal of Economics*, Vol. 37, No. 3, 2006.

Rohlfs, Jeffrey. "A Theory of Interdependent Demand for a Communications Service", *Bell Journal of Economics*, Vol. 5, No. 1, 1974.

Rumelhart, David; Hinton, Geoffrey; Williams, Ronald. "Learning Representations by Back-Propagating Errors", *Nature*, Vol. 323, No. 6088, 1986.

Scherer, Frederic. "Firm Size, Market Structure, Opportunity, and the Output of Patented Inventions", *The American Economic Review*, Vol. 55, No. 5, 1965.

Schumpeter, Joseph. *Capitalism, Socialism and Democracy*, Harper & Brothers, 1942.

Shiller, Benjamin. "First Degree Price Discrimination Using Big Data", *Brandeis University, Department of Economics and International Business School, Working Paper*, No. 58, 2013.

Shleifer, Andrei; Summers, Lawrence. "Breach of Trust in Hostile Takeovers", *NBER Working Paper*, No. 2342, 1987.

Soete, Luc. "Firm Size and Innovation Activity", *European Economic Review*, Vol. 12, No. 4, 1979.

Stähler, Nikolai. "The Impact of Aging and Automation on the Macroeconomy and Inequality", *Journal of Macroeconomics*, Vol. 67, 2021.

Stein, Jeremy. "Takeover Threats and Managerial Myopia", *Journal of Political Economy*, Vol. 96, No. 1, 1988.

Stiglitz, Joseph; Greenwald, Bruce. *Creating A Learning Society: A New Approach to Growth, Development, and Social Progress*. Columbia University Press, 2014.

Thomas, Llewellyn; Autio, Erkko; Gann, David Michael. "Architectural Leverage: Putting Platforms in Context", *The Academy of Management Perspectives*, Vol. 28, No. 2, 2014.

Tirole, Jean, *The Theory of Industrial Organization*. The MIT Press, 1988.

Varian, Hal. "Position Auctions", *International Journal of Industrial Organization*, Vol. 25, 2007.

Varian, Hal. "AI, Economics and Industrial Organization", *NBER Working Paper*, No. 24839, 2018.

Weyl, E. Glen. "A Price Theory of Multi-Sided Platforms", *The American Economic Review*, Vol. 100, No. 4, 2010.

Williamson, Oliver. *The Economic Institutions of Capitalism: Firms, Markets, Relational Contracting*. The Free Press, 1985.

Wooldridge, Jeffrey. *Econometric Analysis of Cross Section and Panel Data Second Edition*. MIT Press, 2010.

Yan, Jinyun; Xu, Zhiyuan; Tiwana, Birjodh; Chatterjee, Shaunak. "Ads Allocation in Feed via Constrained Optimization", *In 26th ACM SIGKDD Conference on Knowledge Discovery and Data Mining*, 2020.

Zator, Michal. "Digitization and Automation: Firm Investment and Labor Outcomes", *Available at SSRN 3444966*, 2019.

后　　记

　　本书是中国社会科学院经济研究所微观经济学研究室的团队成果，其中经历、来龙去脉宛如三部曲，略记如下。

　　2019 年下半年，因为承担一项人工智能产业发展战略方面的地方政府委托课题，我们团队在黄群慧所长带领下开始切入人工智能经济学领域。几乎从零开始探索：人工智能是什么、有什么经济学含义，相关产业在世界范围内有什么发展趋势，等等。经过这个项目，我们团队积累了研究经验，开始进入人工智能产业经济研究领域。记得当年，因项目之故我们组织召开了专题研讨会，将北大、南开、社科院等学界，腾讯、阿里、百度等业界人士集于一堂畅谈"人工智能与产业未来"。中国社会科学出版社王茵老师在微信朋友圈看到研讨会信息，当即向我约稿，出版一本人工智能选题的国家智库报告。当年的课题报告重在为甲方提供信息，难说有多少学术含量，而且有保密要求，因此当时只好对王茵老师表示留待来日完成任务，不意竟埋下一段伏笔。

　　2019 年年底，感谢本所朱玲老师和王砚峰老师提供信息，我们得以参加清华大学产业发展与环境治理研究中心（CIDEG）的研究项目招标，并幸运中标了其中的应急项目"人工智能应用领域的产业创新规律研究"。由于疫情缘故，项目在 2020 年下半年才得以开展，2021 年年中顺利结项。项目运行期间，我们还与清华方面合作举办了"变与不变：人工智能与创新创业发展探索"专题研讨会。清华大学 CIDEG 的薛澜教授、陈玲教授、赵静教授，以及行政办公室潘莎莉老师等为项目研究提供了高水平支持，特此致谢！

　　2021 年 7 月，以 CIDEG 项目研究报告为基础，在做了进一步的学术提炼后，承蒙中国社会科学出版社王茵副总编辑推荐，我们申请了国家社会科学基金项目后期资助。记得王老师看到书稿后立即说，这项目肯定能中！结果诚如所言，幸运入选。不过五位基金审稿人在肯定书稿的同时也提出了详细的修改意见。落实修改意见、完善书稿的工作，竟拖拖拉拉耗去一年时间！2022年7月，我们提供了修改稿给基金委结项，此后经再次匿名审稿、审批等一系列流程，完成结项出版。

四年过去，以ChatGPT为代表的大语言模型正以席卷之势宣告人工智能经济时代的来临！本书没有直接涉及大语言模型，不过其中的经济激励规律，似有普适之处；对未来大语言模型如何落地、应用于产业，本书是一次抛砖引玉的探索。

书稿各章写作人员如下：

第一章、第三章：杜创（中国社会科学院经济研究所研究员）；

第二章、第五章、第七章：欧阳耀福（中国社会科学院经济研究所副研究员）；

第四章：王世强（中国社会科学院经济研究所助理研究员）；

第六章：王佰川（中国社会科学院大学经济学院博士研究生）。

谨以此书献给曾经的团队成员王泽宇！我常常在想，如果泽宇能够参与，这本书将会厚实许多。

杜创

2023年7月于北京